移民がやってきた

アジアの少数民族、日本での物語

山村淳平・陳 天璽 著
無国籍ネットワーク 協力

現代人文社

はじめに

目にうつらない人をみる、とどかぬ声をきく

2000年代はじめのことである。移民のコミュニティがあらわれはじめた。ビルマ人による労働組合や少数民族団体、クルド人の民族団体、スリランカ人の団体、そしてカトリック系ベトナム青年団体などである。ふるくは在日コリアンのコミュニティがあるが、あたらしくやってきた移民がコミュニティをつくりはじめたのである。

わたしは、それら移民の世界に足をふみいれ、コミュニティで無料医療相談をおこなってきた。相談にくるのは、おもに在留資格のない非正規移民や難民申請者たちである。法務省入国管理局（入管）からすれば、日本にいてはならない人びとである。

入管に関連して、もうひとつユニークなコミュニティがある。このようないいかたは、入管はイヤがるだろうが、外国人収容所のコミュニティである。入管職員による暴力的な言動にたいして、被収容者たちが一致団結して抗議している。りっぱなコミュニティといってよい。わたしは被収容者の面会をおこない、医学的な意見書をかき、入管に被収容者の一時的な解放をはたらきかけている。

こうしたコミュニティでの医療相談、そして外国人収容所の面会をとおして、彼／彼女らのおかれている立場、日本政府の移民にたいする対応、そして移民の本国の状況などが、つぶさにわかってきた。さらに、日本と世界のうごきも、しだいにつかめるようになった。

情報交換をしつつ、おたがいたすけあうコミュニティがつくられたのは、それだけ同郷人がおおくなっ

たからである。東京の高田馬場や大久保周辺には、アジア各国のエスニック料理店や食材店がたくさん軒をつらねる。コンビニや外食店では、中国人のリーさん、ベトナム人のグエンさん、ビルマ人のアウンさん、ネパール人のネワールさんが名札をつけて、はたらいている。20世紀末にはみられなかった光景である。

人のながれは、世界的な規模でおきている。日本も例外ではなく、全世界から移民が日本をめざし、やってくる。いまや、世界各国の人びとと顔をつきあわせるようになった。日本社会の構成員が、すこしずつ変化しはじめているのである。

そして2019年4月、入管は、法務省外局の出入国在留管理庁（入管庁）へとかわった。今後、技能実習生などあたらしい移民がたくさんやってくる。日本社会は、彼／彼女らにどのような対応をするのだろうか。

入管以上の巨大権限をもつ入管庁については、過去の経歴からおよその見当がつく。「出入国在留管理」という名がしめすとおり、これまで以上のきびしい出入国管理と在留管理をつらぬく。外国人収容所の暴力的言動はやむことなく、よりいっそうはげしさをます。

ただ、ほとんどの日本人は、移民といっても実感がともなわないだろう。とはいっても、移民がふえてゆくなか、もはや彼／彼女らを無視するわけにはいかない。

今後移民をむかえいれるにあたり、移民にかんする問題をしめしながら、定期的に情報を発信することはおおきな意味をもつ。入管に言葉たくみにあやつられないためにも、正確な情報をながす意義はある。そうしたかんがえのもと、各支援団体の協力をえて、連続セミナーをはじめた。2007年のことである。

連続セミナーでは、日本にくらす移民のなまの声をとどけることにつとめた。そうすれば、そこに居合わせた者をつよくひきこみ、意識の底にかくれていた感性をひきだすにちがいない。耳をかたむければ、移民にたいする印象がかわるかもしれない。べつの世界がみえてくることだってありうる。それらは、書物からではけっしてえられない知識の糧《かて》となるだろう。

いっぽう、語り手のおおくは、日本社会にうったえたくても、つたえる手段をもっていない。自分の話をきいてもらうだけでも、きっとはげまされるにちがいない。

連続セミナーの語り手は、わたしがかかわっているコミュニティのメンバーからえらんだ。移民の話は、その場の雰囲気のなかで、そのときにかぎっての真剣一本勝負である。くりかえしはできない。惜しまれるのは、彼／彼女らの声がそのまま空にきえてしまうことである。なんとしてでも、この世につなぎとどめたい。つよくそうおもった。そこで、連続セミナーの内容をできるかぎり文章化し、雑誌や書籍などにあらわした。その一部が、本書である。

本書でとりあげたのは、日本にくらすアジアの少数民族である。彼／彼女らは1990年代から2000年代のはじめに来日し、ながいあいだ日本でくらしてきた。日本での各少数民族数をかぞえれば、数十人から数百人、せいぜい数千人どまりである。ほとんどは、無視される存在である。彼／彼女らが声をだしたところで、かきけされてしまう。

だが、多数派ではなく少数派、入管によって存在を無にされる人など、目にうつらない人をみる、彼

／彼女らのとどかぬ声をきく。それによって、日本社会のしられざる一面をつかむことができる。そこから、社会をみなおすきっかけをあたえてくれる。本国の少数民族の状況を理解すれば、世界観がひろがる。わたし自身がそうであったように、移民の物語をきけば、きっと日本と世界がすこしずつみえてくるだろう。

＊本文中の写真で、クレジットのないものは、山村淳平が撮影した。

２０１９年７月
山村淳平

移民がやってきた　アジアの少数民族、日本での物語　目次

第2章 開拓精神をひきつぐ次世代

本書をよりよく理解するための用語解説

移民、難民、外国人

本書では、日本にながくくらす他国籍者をとりあげているため、おもに移民という表現をつかう。1997年の国連事務総長による報告書での移民の定義は「通常の居住地以外の国に移動し、すくなくとも12ヶ月間当該国に居住する人」である。

本国で迫害をうけ強制的に移動させられる難民は、移民とことなるかもしれない。ただ、難民もまた移動する民である。しかも、移動の理由が複合的にかさなり、現実的に両者ははっきりと区別できない。文脈によって、移民・難民としたり、外国人としたりすることもある。

ちなみに、日本での移民・難民にかんする問題点をかかげる（**表1**）。非正規移民や難民申請者は在留資格がないため、収容され、強制送還され、問題はいっそう深刻化する。生活面や文化面の問題は、移民一般に共通している。

在留資格

日本に滞在できる資格のことである。在留資格がなければ、日本ではたらくことも、すむこともできず、日本をはなれなければならない。

表1　日本の移民・難民のかかえる問題

		内容
法的面	難民申請	ひくい認定率、長期間の在留資格のない不安定状態、申請手続きの情報不足、弁護士不足
	入管収容	長期収容、暴力的なあつかい、医療態勢不備、未成年者や子どもの収容、強制送還
生活面	就労	解雇、給料未払い、労働災害、在留資格のない人の就労禁止
	住居	住居さがし、保証人不足
	医療	言葉の問題、高額医療費、医療情報不足
	社会保障	年金未受給、児童手当の未支給
	日本語	日本語学習の機会不足、日本語教育の情報不足、日本語文字のむつかしさ
	出産／育児	出産・育児・保育園入園手続きなどの情報不足
	子どもの教育	言葉の問題による未就学と進学断念、制度や進学にかんする情報不足、民族文化伝承の機会不足
	将来	老後の生活および健康の不安、子どもの無国籍状態
文化面	言語	母語による情報および会話不足
	生活習慣	生活習慣および世代間のギャップによる親と子の溝、日本人との文化的なへだたり
	コミュニティ	団体運営になれていない

非正規移民

在留資格のない人は、いわゆる〝不法〟滞在とよばれている。出入国管理及び難民認定法（入管難民認定法）に違反しているのだが、人としてのあやまちをおかしているわけではなく、在留資格のないまま滞在しているにすぎない。交通違反とおなじ行政処分の対象となる。

〝不法〟という言葉は、悪質なイメージを人びとにうえつけるため、本書では非正規移民という言葉をつかう。ちなみに英語では undocumented migrant と表現されている。

入管

法務省入国管理局の略語である。2019年から、入管は格上げされて出入国在留管理庁となった。

ほかの国において、移民・難民関連は内務省や国土安全保障省などの行政機関があつかっている。日本では、なぜか法務省が担当している。法務省には、ほかに刑事局、矯正局、外局の検察庁があり、そして刑務所や拘置所もある。ある弁護士が「入管は外国人専門の警察である」といっていた。外国人を取りしまり対象者あるいは犯罪予備軍として法務省がとらえているならば、その言葉にじゅうぶん納得がゆく。

外国人収容所

入管が運用する収容施設である。在留資格のない非正規移民や難民申請者を本国に送還するまでのあいだ、一時的に収容している。入管難民認定法に違反したすべての人、それが病人や妊婦そして子どもであっても収容している。無期限の長期収容、制圧暴行、医療態勢不備などが問題視されている。「交通違反とおなじ行政処分」にもかかわらず、刑務所かそれ以上の劣悪な収容環境に被収容者はおかれている。

収容施設は全国に17カ所あり、入国者収容所および収容場といいあらわされている。ほかに東日本入国管理センターや大村入国管理センターなどの固有名称もある。それらを一括し、収容の実態をより正確にあらわす言葉として、本書では外国人収容所とする。

仮放免

外国人収容所から一時的に解放されることである。仮放免されたあと、毎月1回入管にでむき、仮放免の許可をうける。不許可になれば、ふたたび収容される。仮放免中に、はたらくことは禁止されている。だが実際には、入管の就労禁止ルールよりも、「働かざるもの、食うべからず」の格言をまもっている人のほうがおおい。

在留特別許可

非正規移民の在留特別許可は、入管法50条にもとづき、退去強制手続きの一環としてなされる。入管法違反で退去強制の手続きにはいり、法務大臣あるいは入管局長が決定をくだす。在留特別許可がおりれば、「定住者」の在留資格がえられ、日本にすむことができる。なお、在留特別許可は制度ではなく、申請によってでるものではない。

ほかに難民申請者の在留特別許可がある。入管法61条の2の2にもとづき、数も非正規移民とはべつに公表されている（「難民認定および難民申請者の在留特別許可」を参照）。どちらも、在留特別許可の判断は密室できめられ、その可否の理由はあきらかにされていない。

無国籍者

文字どおり、国に籍のない人のことをさす。どの国にも属していない人でもある。在留資格をもつ人もいれば、在留資格のない人もいる。本書の第3章でくわしくのべている。

条約難民および定住難民

日本は1981年に難民条約に加入したのち、入管難民認定法を国会でさだめた。その法律にもとづき、難民申請者が法務大臣により認定されれば、条約難民となる。いっぽうインドシナ難民および第三国定住難民などは、閣議決定によって受けいれられた定住難民である。入管難民認定法での条約難民とはことなる。

条約難民であれば、難民旅行証明書で海外にでかけられる。定住難民は、海外にいくときに自身を証明するものはなにもなく、日本にもどるための再入国許可書が必要となる。無国籍という国籍があるのだが、それはみとめられず、事実上の無国籍状態がつづいている。定住難民は、場合によって定住資格がとりけされることもある。これらが、条約難民とのちがいである（**表2**）。

難民認定および難民申請者の在留特別許可

日本は難民条約に加入しているにもかかわらず、難民認定されない人たちがほとんどをしめる。難民を否定されたうえで、日本政府の恩恵としてあたえられるのが、難民の在留特別許可である。安定した地位ではなく、家族よびよせはむつかしい。しかも、面倒な再入国手続きをおこなわなければならない。この点が、国際的に通用する条約難民認定とのちがいである（**表3**）。

表2　条約難民と定住難民のちがい

	条約難民	定住難民
受けいれ決定	入管難民認定法	閣議決定
法的地位	安定、国際的に通用	不安定、日本のみ通用 無国籍者もすくなくない
家族よびよせ	すぐに可能	時間を要する
海外渡航	難民条約加盟国であれば、 難民旅行証明書で可能	再入国許可書が必要

表3　難民認定と難民申請者の在留特別許可のちがい

	難民認定	在留特別許可
法的地位	安定、国際的に通用	不安定、日本のみ通用 無国籍者もすくなくない
公的支援	有 日本語教育、職業斡旋など	無
定住者資格	5年ごとの更新	1年ごとの更新
家族よびよせ	すぐに可能	時間を要する
海外渡航	難民条約加盟国であれば、 難民旅行証明書で可能	再入国許可書が必要

インドシナ

インドシナとはフランス植民地時代の行政区分の名称にしかすぎず、実態のある地名ではない。ベトナム・カンボジア・ラオスの三国は、政治的にも、民族的にも、歴史的にも、それぞれことなる。インドシナ難民とひとくくりにされているが、ベトナム難民・カンボジア難民・ラオス難民とするほうが適切である。

ビルマ

1989年、正統性をもたない軍事政権が国民の同意をえずに、国名を突然ビルマ連邦から「ミャンマー」連邦に変更した。それ以降、民主化運動の先頭にたつ人びとは、抵抗の意をこめてビルマという国名を使用していた。

文民政権になったいま、民主化運動の闘士たちのなかから、「ミャンマー」とよぶ人たちがあらわれてきた。しかし、ビルマの現状はとても民主的とはいえない。ビルマと表現することで、「ミャンマー」がまだ〝民主化途上〟とつたえられる。

なお、本書の語り手が「ミャンマー」とのべていた箇所は、そのままの表記とした。

国民、民族、人種

国民は国家の構成員であり、政治的な概念である。民族は、言葉や食事に代表されるように、文化的な概念である。人種というのは、肌の色や顔つきのちがいなどであらわされるように、遺伝的な概念である。これらは、近代にともなってあらわれた西欧の概念である。

なお、人種の概念はもはや意味をなさなくなっている。人類の誕生以来、人の往来と交流があり、混血がおきているため、人種の区別は明確につけられないからである。人工的につくられた概念は、破たんしたのである。

途上国、中進国、先進国

この呼び名は、進化論的かつ優劣をつける意味あいがつよく、しかも欧米中心の見方である。ほかに適切な言葉がみあたらないため、便宜上つかうことにする。

（山村淳平）

アジアの地図

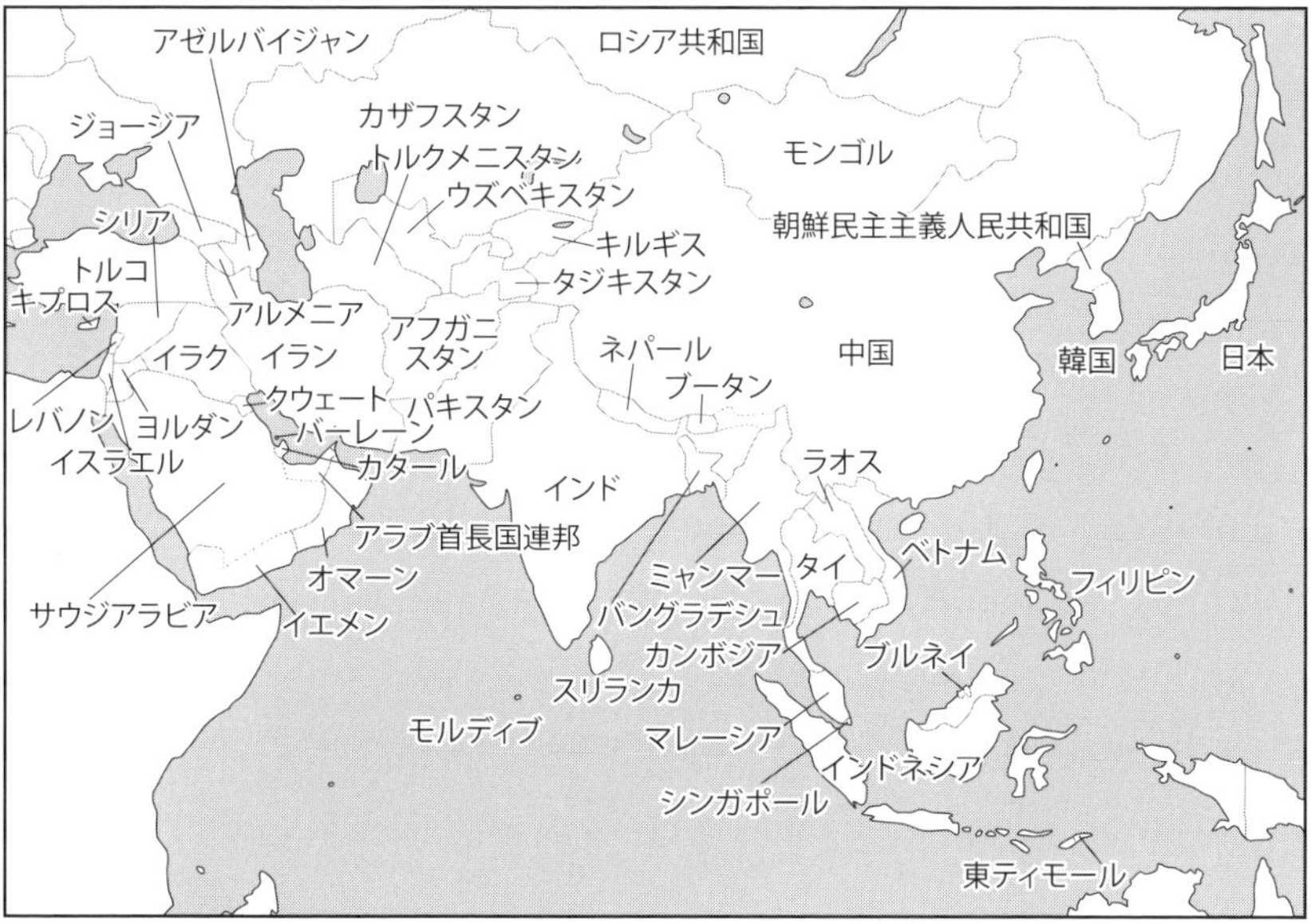

●本書で登場する民族　カッコ内は国名および地名

アイヌ民族(日本・北海道)
日本民族（日本・岐阜県）
琉球民族（日本・沖縄県）
朝鮮民族（韓国、朝鮮民主主義人民共和国）
漢民族
チベット民族（中国、ネパール）
ベト民族（ベトナム）
カチン民族（ビルマ）
ロヒンギャ民族（ビルマ）
ジュマ民族（バングラデシュ）
タミル民族（スリランカ）
クルド民族（トルコ）

第1章

社会をきりひらく一世

解説

移民のコミュニティとはべつに、わたしは移民・難民の支援団体で無料医療相談をひらいていた。そこにコソボ出身の難民をともなって、無国籍ネットワーク代表の陳天璽《ちんてんじ》さんがおとずれた。2010年のことである。このとき、無国籍という言葉をはじめて耳にし、コソボ出身の難民が無国籍者であるのをしった。のちに陳さんとは何度かあい、談笑したりした。

2017年1月、ひさしぶりに陳さんにあった。そのさい、彼女から「無国籍ネットワークで、ぜひ話をしていただきたい」との誘いをうけた。そのころ、連続セミナーが中断していた時期でもあった。ちょうどよい機会とおもい、「わたしは、話をするのがニガテです。それよりも、移民をまねいて、本人たちの声を直接きくセミナーにしてみてはどうでしょうか」とさそい水をかけた。陳さんと無国籍ネットワークは、それにこころよく応じた。

こうして2017年5月から2017年11月にかけて、早稲田大学国際教養学部の教室において、合計4回の連続セミナーがひらかれた。全回をとおしてのテーマは「日本にくらすアジアの少数民族 ～ マイノリティをとおして国籍をかんがえる」である。

連続セミナーでは、まえもって話し手との打ちあわせにじゅうぶんな時間をとった。自宅におじゃまし、家庭料理をごちそうになったことは、かぞえきれない。それによって、彼／彼女らの生活ぶりをかいまみることができ、さらに彼／彼女らのかんがえや気もちをくみとることもできた。本章では、連続セミナーで彼／彼女らがかたった内容のみならず、自宅での会話もくわえた。

（山村）

1 ロヒンギャのゆくえ

群馬県館林市の公共施設にて、大学生にロヒンギャ難民キャンプの現状をはなすアウン・ティンさん（2017年）

人間にとってたいせつなこと
をおこなう。
それが、モスクでおこなって
いることです。

アウン・ティン
ロヒンギャ系日本人―貿易会社経営―49歳―在日26年

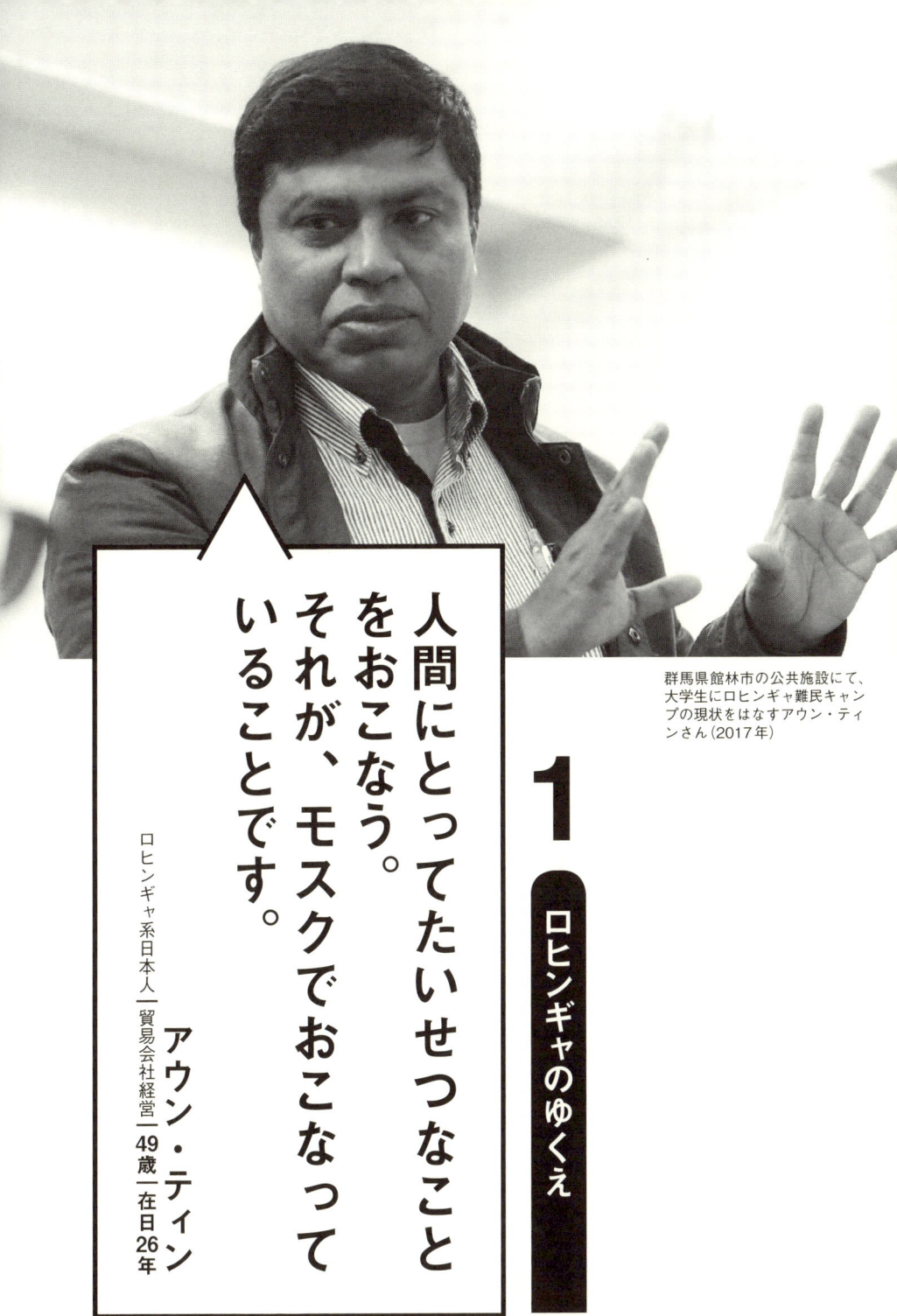

ビルマのアラカン州には、およそ100万人のイスラム教徒ロヒンギャ民族がくらしている。ところがビルマ軍の暴虐により、1978年に20万人以上、1991年に25万人以上、2015年に5万人以上、そして2017年に70万人以上のロヒンギャが、バングラデシュに難民としてのがれた。

2017年、バングラデシュのロヒンギャ難民キャンプの一角に、子どもたちのために学校をたてた日本人がいる。ロヒンギャ系日本人のアウン・ティンさんである。

わたしは個人として、ロヒンギャ難民キャンプでの小学校運営にたずさわってます。また、在日ビルマ・ロヒンギャ協会の副会長として、日本政府にはたらきかけてます。日本での難民申請者の収容と送還の中止、バングラデシュでのロヒンギャ難民支援、ビルマ政府にたいしてロヒンギャ迫害中止の圧力をかけることなどです。日本はODA（政府開発援助）をとおして、ビルマ政府を援助してます。援助する分だけ、ビルマ政府は国家予算の一部を中国からの武器購入費にまわしてます。名は援助ですが、わるい方向につかわれているのです。

ビルマ軍によるロヒンギャ迫害と日本とは、けっして無関係でない。20世紀の中ごろ、日本がビルマを支配し、ビルマの軍人たちをそだてあげた。そして、日英の戦争において、イギリス軍と日本軍双方ともに、現地人同士をたたかわせた。イギリス軍はイスラム教徒、日本軍は仏教徒アラカン人を矢面にたたせたのである。これが、現在につづくロヒンギャ問題の根本原因のひとつとなっている。

第2次世界大戦後ビルマは独立した。それは、同時に軍事独裁政権のはじまりでもあった。日本はODAによって、ながいあいだ政権をささえつづけてきた。教育・社会福祉関係やインフラ整備などの費用は、ビルマの国家予算としてわりふられる。ところが、それを日本のODAが肩代わりし、そのういた分が軍事費へとくみこまれていったのである。

1968年、わたしはアラカン州モンドーでうまれました。6人兄弟の4番目です。父は警察官でした。当時のロヒンギャは、軍人にも、警察官にも、能力に応じて採用されてました。学校では、ロヒンギャもアラカン人もいっしょに、サッカーやバレーボールなどであそび、イスラム教や仏教のお祭りなどでは、おたがい仲よくしてました。宗教や民族による差別は、まったくかんじませんでした。

しかし、1978年のロヒンギャの迫害がおきたとき、国民カードがむりやりとられました。さらに1982年の国籍法によって、ロヒンギャは、不法移民としてあつかわれ、無国籍状態となってしまいました。

1988年(20歳)のとき、おおきな事件がおきました。全国規模でおきた民主化運動です。民主化されれば、ロヒンギャも国民としてみとめられるとおもい、わたしは活動にすすんで参加しました。デモをおこなっていると、警察に2回もつかまってしまいました。保釈されましたが、自分の家にいると、警察官や軍人につかまるおそれがあったので、親戚の家や学校の空き部屋などを転々としました。

その後もヤンゴン市で民主化活動にふかくかかわるようになりましたが、それだけにあぶなくなりました。そこでパスポートをつくってもらい、ビルマをはなれ、サウジアラビアにすむことにしました。

サウジアラビアのお店ではたらいていても、ビルマの民主化のおもいは、つよくなるいっぽうでした。サウジアラビアでは、民主化活動はタブーです。たまたま在日ビルマ人協会のニュースレターで、日本での民主化活動をしり、日本ゆきをきめました。すぐにサウジアラビアの日本大使館にいき、3ヶ月の観光ビザをもらって、1992年に日本にきました。

日本では、オーバーステイ（非正規移民）の状態がしばらくつづいた。

さいしょは茨城県のロヒンギャ系バングラデシュ人のお世話になり、工場でアルバイトしながら、生活してました。ビザがきれて、法務省入国管理局（入管）につかまるおそれがあったので、在日ビルマ人協会に相談にいったところ、「難民申請すれば、入管につかまり危険だ」といわれました。日本での難民申請は、まわりのだれもしりませんでしたし、しっていても難民申請しませんでした。

その後埼玉県にうつり、塗装やクレーン作業のアルバイトをするようになりました。毎日日本語の勉強をしていると、近所の人や同僚が仕事のことや日本語を親切におしえてくれました。

1994年、ロヒンギャの存在をしってもらうため、在日ビルマ・ロヒンギャ協会を仲間7人とともに設立しました。その直後、すんでいたアパートに入管職員と警察官がやってきて、わたしをつかまえ、外国人収容所に収容しました。

収容所は8〜10人部屋でした。食べ物がまずく、とてもたべられませんでした。強制送還されるかもしれず、毎日がこわかったです。収容中に入管職員から「あなたは、難民申請できる」といわれました。そこで、難民申請の書類を1時間でかきあげ、提出したところ、1ヶ月半で仮放免（一時的な開放）されました。

その後も、ビルマ民主化活動やアルバイトをつづけてました。はたらいていた会社が埼玉県から群馬県館林市にうつったので、住所も、在日ビルマ・ロヒンギャ協会も、館林市に引っ越しました。

そして、ふたたび収容されました。難民不認定とされたからです。ビルマでも差別や収容がありました。ここ日本でもおなじように、差別と収容があるんだとおもいました。

2回目に仮放免されたあと、渡邊彰悟弁護士のおかげで、2001年に在留特別許可があたえられました。日本にきて10年目にして、収容と強制送還の不安から解放され、やっと安心できました。

くるしい時をへて、ようやく在留特別許可がでた。それでも、けわしい道がつづく。

2001年、ビルマの親がきめたロヒンギャ女性と結婚しました。ビルマにいけないので、再入国許可書でタイにいき、彼女もビルマ・タイ国境をこえ、タイのモスクで結婚しました。タイ国のビザをとろうとしたところ、自身を証明するものがなにもなく、たいへんでした。タイの入国審査でも、再入国許可書をみせても、「これ（再入国許可書）はなんですか」といっぱい質問され、解放されるまで1時間以上もかかりました。

前につとめていた会社で設計やデザインなどを担当し、その技術をいかし、2006年に中古車や家電を輸出する会社をおこしました。わたしは7ヶ国語をあやつれるので、世界を相手にビジネスをすすめられます。

現在、妻と3人の子ども（長男、次男、長女）とくらしています。さいしょの子どもがうまれたとき、館林市役所に出生とどけをだしました。「日本国籍にしたい」といったら、「ダメ」とことわられました。もともとビルマでは無国籍だったので、「無国籍としたい」とつたえると、「それもダメ」という返事でした。わたし達の希望を無視したまま、自動的に国籍は「ミャンマー」とされてしまいました。

日本でうまれても、子ども3人は日本国籍ではありません。いまでは、おおきくなりました。ビルマにもどれば、彼／彼女らはゼロからはじめなければなりません。ビルマのロヒンギャとおなじように、子どもが日本で無国籍であることは不利になるのではないか、と心配でたまりませんでした。それは、子どもにとってもたいへんなことです。いろいろかんがえた末、妻と相談し、子どものために日本国籍をとろうときめました。

２０１５年、家族全員が日本国籍となりました。わたしの日本名は水野保世です。おなじ年、家族といっしょにビルマに一時帰国しました。入国時にヤンゴン国際空港で入管職員は日本のパスポートをうたがっていたので、かなり緊張しました。

うまれそだったアラカン州は危険なので、滞在はヤンゴン市だけにしました。そのヤンゴン市でさえ、こわかったです。顔つきから日本人でないことが一目でわかるので、もとはバングラデシュ出身とこたえながら、一日中英語でしゃべっていました。ロヒンギャとわかると、ビルマでは本当にこわいことがおきるのです。

日本国籍をとっても、故郷のモンドーをわすれたことはありません。「日本のため」「ビルマのため」そして「ロヒンギャのため」につくしたい、とおもっています。

館林市周辺におよそ２５０人のロヒンギャがくらし、ほとんどが工場ではたらいています。わたし達のように日本国籍をとったロヒンギャは、ほかに2家族います。子どもの日本語教育は、学校でおしえ

群馬県館林市のロヒンギャモスク（2017年）

てもらってるし、中学校ではイスラム教徒用にお祈りの部屋がもうけられてます。わたしは子どもに、日本語・英語・ロヒンギャ語・ビルマ語をおしえています。

アウン・ティンさんのとなりで、中学生3人が話をきいていた。長男（中学2年）と次男（中学1年）とその友人（ロヒンギャ）である。長男は、「お父さんが社長なので、大学で経営をまなび、後をつぎたい」という。次男は、「飛行機で世界一周したいので、将来はパイロット」をめざしている。次男の友人は、それをうわまわり、「宇宙飛行士になりたい」と夢をかたった。彼らは学校での部活をおえたのち、モスクにお祈りにゆく。

モスクがなかったころは、頭のなかで、お祈りしてました。なんとしてでも、自分たちのモスクがほしかった。みんなで寄付をあつめ、2000年に一軒家をかい、やっと実現しました。

モスクがあれば、仕事がおわってから、お祈りができます。お母さん、お父さんのいっていることをキチンとまもり、家族を大切にします。お酒をのまないし、タバコもすいません。わるいこともしません。おおきな声をださず、しずかにお祈りをして、家にかえります。

モスクのちかくにすむ日本人は最初、ジャマくさい、といってました。でも1ヶ月、2ヶ月すると、彼／彼女らは「しずかにお祈りするのは、すごくいいことだなぁ」というようになりました。

ラマダーンでは、とくべつな料理をつくります。その食べ物をちかくのおばあちゃんやおじいちゃんにもっていくと、たいへんよろこばれます。おじいちゃんが死ぬと、おばあちゃんひとりになる。モスクの人が、「おばあちゃん、元気。なにか、てつだおうか」と声をかけます。すると、うれしそうな顔をします。近所の人を大事にしますし、近所の人もモスクを大事にするようになります。

イスラム教徒はぜったいあいさつします。あいさつしない人はイスラム教徒ではありません。学生や市民などのお客さんがくれば、モスクでいっしょにご飯をたべます。宗教がちがっても、それは関係なく、すべての人をむかえいれます。人間にとって、たいせつなことをおこなう。それが、モスクでおこなっていることです。

いくどとなくビルマ国軍の迫害をうけたため、ロヒンギャは世界にちらばっている。

世界中にロヒンギャは数百万人います。ビルマ・サウジアラビア・バングラデシュ・マレーシアなどです。彼／彼女らのほとんどが、無国籍です。わたしは、オーストラリアにすむロヒンギャ、そしてタイの難民キャンプのロヒンギャと連絡をとりあっています。その国で生活するなら、その国のルールを

バングラデシュ東部コックスバザールのロヒンギャ難民キャンプにて
アウン・ティンさんがたてた小学校（2018年。アウン・ティンさん提供）

かならずまもらなければならない。そのことを彼／彼女らにつたえてます。それは、ロヒンギャがその国で生きていくための唯一の方法だからです。

ビルマは2015年に文民政権となり、あたかも〝民主化〟されたかのようである。ところが、いまも表現の自由は制限され、強制移住や強制労働はあいかわらずおこなわれ、ビルマ軍による少数民族の迫害はつづいている。ビルマの民主化、いまだならず。アウン・ティンさんの夢はうちくだかれた。

しかし、彼のもうひとつの夢はかなえられた。彼は無国籍から日本国籍となり、バングラデシュに入国できた。それによって、ロヒンギャ難民キャンプでの支援活動が可能となったのである。ロヒンギャ自身が団体を運営し、支援にかけつける。日本人がそれをささえる。これまでにない、あたらしいかたちの支援である。アウン・ティンさんの精神は、ビルマの、日本の、そして世界の、つぎの世代へとひきつがれるだろう。ロヒンギャのゆくえは、それにかかっている。

ラビさんが一時的に収容されたスリランカのニガンボ市の刑務所（2016年）

2

タミルの悲劇、いまだ終わらず

日本は平和で安全。ここ日本で平和にくらしたい。

ラビ（仮名）

無国籍｜スリランカ・タミル民族｜塗装業｜49歳｜在日28年

１９４８年にスリランカが独立した際、少数民族タミル人の市民権がはく奪された。１９５６年になると、シンハラ人優遇政策がとられ、民族対立がふかまった。１９７６年に反政府武装組織ＬＴＴＥ（Liberation Tigers of Tamil Eelam、タミル・イーラム解放のトラ）が結成された。北部州および東部州を実効支配し、行政機関・裁判所・警察をもつにいたる。１９８０年代以降、シンハラ政府の軍隊とタミルのＬＴＴＥとのあいだで、はてしない内戦がつづいた。
ラビさん（男性）は、内戦のはげしかったスリランカ北部ジャフナ市でうまれそだち、タミル出身のヒンズー教徒である。

きづいた時から、スリランカの戦争はおこってた。ジャフナでは小学校いくときにも、ヘリコプターから爆弾がおちてきたり、兵隊が弾をうってきたりして、こわくて、みんなにげた。爆撃がひどく、小学校や中学校の友人や同級生の親なども、死んでしまった。どうしてこうなのか、怒りでいっぱいだった。

高校生のころ「ちょっとした手伝いでもいいから」とさそわれ、予備員としてＬＴＴＥにくわわった。いまからかんがえると、子ども兵士だった。

はいってみたら、爆弾はおちてくる、弾丸もすごいいきおいでとんでくる。もう生きてかえれない、とおもった。戦闘は、ものすごくこわかった。

防空壕にはいっていたとき、爆弾が破裂し、気をうしなって、病院で手当てをうけた。顔にケガをし、いまでもその傷あとがのこってる。親がたいへん心配し、LTTEからはなれた。

19歳になると、いまにも沈没しそうな船でインドのタミルナードゥ州にのがれた。難民キャンプにしばらくいたあと、キャンプの外にでて、兄といっしょにすむようになった。そのころ政府軍とLTTEが休戦となったので、いったんスリランカにもどった。

ところが、なぜかインド軍がスリランカにはいってきて、LTTEやその関係者をねらうようになった。兄はインド軍につれていかれ、暴行をうけた。わたしはそのとき、たまたま外出していたので、つかまらなかった。その後、コロンボ市内でひっそりとくらすようになった。

スリランカにいては危険なので、外国であればどこでもよかった。ほかの国をとおって、199X年にたまたま日本にきた。

しばらくオーバーステイ（非正規移民）のまま、仕事をしていた。テレビで外国人がつかまるのをみて、心配になったので、ほかの国で難民としてみとめられた兄達に電話で相談すると、UNHCR（難民高等弁務官事務所）にきいてみては、とアドバイスされた。当時、難民申請制度をしっている人は、だれもいなかった。

そこでUNHCRをたずねると「法務省入国管理局（入管）にいくように」といわれ、おどろいた。入管がいちばんあぶないところで、つかまるのをおそれていたのだから。でも、UNHCRの後おしがあり、難民申請の手続きをおこなった。インタビューした難民調査官は、スリランカ内戦についてなにひとつしらなかった。毎月1回入管にいくたびに、なんども帰国するようにいわれた。

200X年に不認定となり、外国人収容所にいれられてしまい、もう強制送還の不安でいっぱいだった。ちょうどその頃、ノルウェーの仲介でスリランカの和平がすすめられていた。なんども入管職員から「平和になったので、かえりなさい」といわれた。

そこで、スリランカにもどっても大丈夫か、とジャフナ市のお父さんに電話できいてみたところ、**「今はみえるところは大丈夫。ただ、みえないところは、いろいろ問題がある。これからどうなるかわからない」**とこたえた。不安だったが、ひとまず200X年にスリランカにもどることにした。タミル人とわかるとまずいので、帰国の際にじゅうぶん気をつけた。それでも、スリランカ国際空港の入国審査でつかまり、ニガンボ市の刑務所にいれられてしまった。お金をはらって、1ヶ月後にでられた。

停戦協定で平和になったといっても、わずかのあいだだけ。スリランカに帰国したとたん、内戦がふたたびはじまった。

ある町の親戚の家にいたところ、近所で爆弾さわぎがあった。警察が町の人全員を取りしらべるなか、わたしは顔のキズをみつけられてしまい、タミル出身をうたがわれ、警察所につれていかれ、3日間きびしい拷問をうけた。

パンツだけにさせられ、顔にふくろをかぶせられ、頭にガソリンをかけられ、両足をロープで逆さにつるされ、なぐられた。拳銃を頭につきつけられ、LTTEと関係があるのか、何人ころしたのか、と問いつめられた。なんどもなぐられ、それにたえられなくて、やったというしかなかった。本当はやっていないのに。親戚がお金をはらって、やっと解放された。スリランカではお金さえあれば、なんでもできる。拷問をうけて、首と右腕の痛みとシビレがひどくなり、いまもつづいてる。

茨城県牛久市の外国人収容所は、スリランカのニガンボ市の刑務所とうりふたつ(2017年)

みたびスリランカをはなれ、他国にむかおうとした。ところが運わるく、もういちど日本での収容と仮放免のくるしい日々をおくることになる。

兄のすんでいるカナダにいこうとしたところ、途中の成田空港でパスポート偽造がわかり、つかまってしまった。空港で難民申請したけれど、インタビューした難民調査官は、会うなりいきなり「もうあなたの結果はでている」「なにをいってもムダだよ。かえるんだったら、さっさとかえった方がいいよ」といいはじめた。まだ、なにもいっていないのに。もうあきらめるしかなかった。そのときは、外国人収容所に5ヶ月間収容された。

仮放免され、1ヶ月に1回東京入管に出頭した。異議申し立てはみとめられず、また収容されてしまった。この3度目の収容のとき、強制送還された人をまのあたりにした。部屋ではトルコ人・ミャンマー人・バングラデシュ人・フィリピン人といっしょだった。明け方4時ごろ、入管職員20人がやってきて、フィリピン人をおこし、あばれないように毛布でからだをぐるぐる巻きにして、彼をつれさった。つぎは自分の番ではないかと、こわくなり、つぎの日からまったくねむれなくなった。毎日がこわく、おちつけなかった。

フィリピン人が強制送還された1週間後、となりの部屋の日系ブラジル人が、ビニール袋をひもにして、首つり自殺した。救急車がきて、心臓マッサージしたが、ダメだった。おなじ部屋だった人たちは、死んだ人の部屋でそのまま3日間すごした。なんども抗議して、ようやく4日目で部屋をかえてもらった。

仮放免されても、不安でいっぱい。いつまた収容され強制送還されるかわからないので、1ヶ月先のことはかんがえない。食べものも1週間分しかかわない。食料をかっても、収容されてしまったら、つかわないし。

今でも、夜はほとんどねむれない。わるい夢をみる。戦争のときの爆弾や弾丸、スリランカでの拷問、入管収容での強制送還や自殺のこと。朝おきると、心臓がバクン、バクン、とする。不安なかんじで、毎日すごしてる。

収容されているあいだの2009年、スリランカ内戦はおわった。タミル人は強制移動させられ、およそ30万人がスリランカ国内でキャンプ生活をおくった。4年後の2013年に避難民キャンプは閉鎖された。

ジャフナ市ではお父さんと姉がくらしていた。2009年の内戦終了と同時に、避難民キャンプにの

内戦終結後のジャフナ市（2009年。パルシック提供）

がれた。お父さんはシンハラ人の軍隊になぐられ、あるけなくなり、ねたきりになってしまった。しばらくしてから家にもどると、家のなかがあらされてた。

タミル人の土地はシンハラ人によってとりあげられ、ジャフナ市ではシンハラ人の店がふえ、仏教のお寺がつくられ、言葉もシンハラ語がとびかうようになった。シンハラ人の軍隊はいまも、いたるところでタミル人への見張りをつづけてる。

内戦がおわっても、安心できない。平和といっても、タミル人にたいする残虐行為は、つづいている。突然逮捕されたり、行方不明になったりする。実際におおくのタミル人がころされた。わかい女性は外にでると、レイプされる。これまでの戦いにたいするうらみがあり、こわい。イギリスなどではテレビでその状況が放映されたけど、日本ではまったく報道されてない。

長兄はドイツ、次兄はフランス、三兄はイギリス、四兄はカナダで難民認定された。難民認定されていないの

スリランカの名物料理コッティ（2017年）

は、五男のラビさんだけである。そして、来日27年目にして、ようやく在留特別許可があたえられた。

それでも、まだ不安がのこる。27年間つづいた在留資格のない生活であじわった気持ちから、まだぬけだせない。

いま、スリランカでお姉さんがくらしている。一度でもいいから、スリランカにもどってみたい。でも、自分を証明するものがないまま、スリランカにかえれば、なにをされるのかわからない。スリランカ大使館にいったところで、パスポートはもらえるはずもない。

お父さんやお母さんにいまの姿をみせてあげたいけれど、死んでしまって、それもできない。お母さんがなくなったとき、葬式をとりしきるのは長男の役目、お父さんがなくなったときは末っ子の役目。末っ子のわたしにそれができず、とてもくやしくて、涙がでた。

ラビさんの好物は、スリランカ料理を代表するコッティである。ロティ（パン）を細切りにして、肉や野菜とともにいためる。代々木公園で毎年ひらかれるスリランカ祭りに、かならず妻と子どもをつれて、コッティをたべにくる。毎年の楽しみである。ラビさんのこころがやわらぐ、ほんのひとときである。

日本は平和で安全。わたしは、ここ日本で平和にくらしたい。人はやさしく、規則や時間をきちんとまもってる。ただ、日本人は外国人をバカにする態度がときにみられる。よわい人間をいじめることがあり、ときどきイヤなかんじをうける。それに負けないためにも、もっとつよく前むきに生きたい。

自分の運命は、日本だった。これも運命だけど、日本人と結婚して、彼女とのあいだに子どもがうまれた。民族や国とは関係なしに、友人もたくさんつくれた。在留特別許可がでたとき、お祝いの会にイラン人の友人もかけつけてくれた。

いまでは日本にのこって、よかったとおもっている。それでも、自分のこころは、ふるさとジャフナ市にある。いちどでいいから、妻や子どもにジャフナ市をみせたい。

コラム

身分証明書あれこれ 1

"あの世ゆき"のパスポート

スリランカへの集団送還

2014年12月18日、法務省・入国管理局(入管)は日本航空の飛行機をチャーターし、スリランカ人26名とベトナム人6名をそれぞれの本国に集団送還した。2013年にもフィリピンとタイへの集団送還が実施されており、それにつづく3回目の集団送還である。

2015年1月、わたしはスリランカにとび、5人に送還の状況をききとった。各人の送還過程に、ちがいはほとんどない(現地調査にもとづき、動画『スリランカ難民申請者の集団送還』を作成し、YouTubeで公開中である)。

突然の強制送還

送還前の彼らは、一時的に収容をとかれる仮放免状態で、毎月品川の東京入管に出頭していた。2014年12月17日に仮放免延長手続きにいくと、なんら説明もなく、べつの部屋につれていかれた。その部屋には、入管職員5〜8人がまちかまえていた。

最初に、仮放免不許可がいいわたされた。つぎに、難民認定申請手続きの異議申し立ての難民不認定がつたえられ、その決定書がわたされた。

ワゴン車で羽田空港までつれていかれ、車のなかで一晩すごした。つぎの日の明け方に日本航空の機内にのり、羽田を発った。

入管と大使館との合作パスポート

現地時間の15時ごろ、スリランカの国際空港に到着した。着陸前に、前日取りあげられた携帯電話・財布・パスポートなどが被送還者全員にかえされた。ある人たちには一時パスポートがわたされた。スリランカ大使館が発行したパスポートである(図1)。

タラップをおりると、全員が1台のバスにのせられ、空港内の一室につれていかれ、スリランカの入管職員に質問された。つぎに、べつの部屋で警察官による尋問があった。内容は、「なぜ日本にいったのか」「日本でなにをしていたか」「どうして帰国したか」である。全員の取りしらべは、16時から深夜24時までおよんだ。26人のなかから、刑務所にいれられた人もいた。

彼らにわたされた一時パスポートは、被送還者のしらないまま、同意もなく、スリランカ大使館によって発行されたものである。それが、強制送還を可能にした。パスポートがなければ、日本からの出国とスリランカへの入国ができない。スリランカ大使館は、日本の入管の手助けをしたのである。

写真をふくめて本人にかんする情報は、入管職員によって大使館にわたったのだろう。いわば、入管（日本政府）とスリランカ大使館（スリランカ政府）による合作パスポートである。難民申請していた情報もスリランカ大使館にわたっていれば、タミル人などの少数民族にとっては、〝あの世ゆき〟のパスポートになりかねない。

暴力的な送還

危険はそれだけにとどまらない。送還に抵抗したスリランカ人は、日本の入管職員によってケガをおってしまった。暴力的な送還だったのである。２０１３年のフィリピンへの集団送還も、負傷した人がいた。

ケガだけならまだしも、強制送還途中でなくなった人もいる。２０１０年3月20日、ガーナ人・スラジュさんが成田空港のエジプト航空の機内で死亡した。日本の入管職員の過剰な制圧によるものとかんがえられる。

死亡事件ののち〝あの世ゆきの送還〟はひかえられた。そして、２年後の２０１３年に再開されたのは、チャーター機による集団送還だった。日本国と相手国との合作パスポートは、本人のしらぬまま、いまもひそかにつくられている。

（山村）

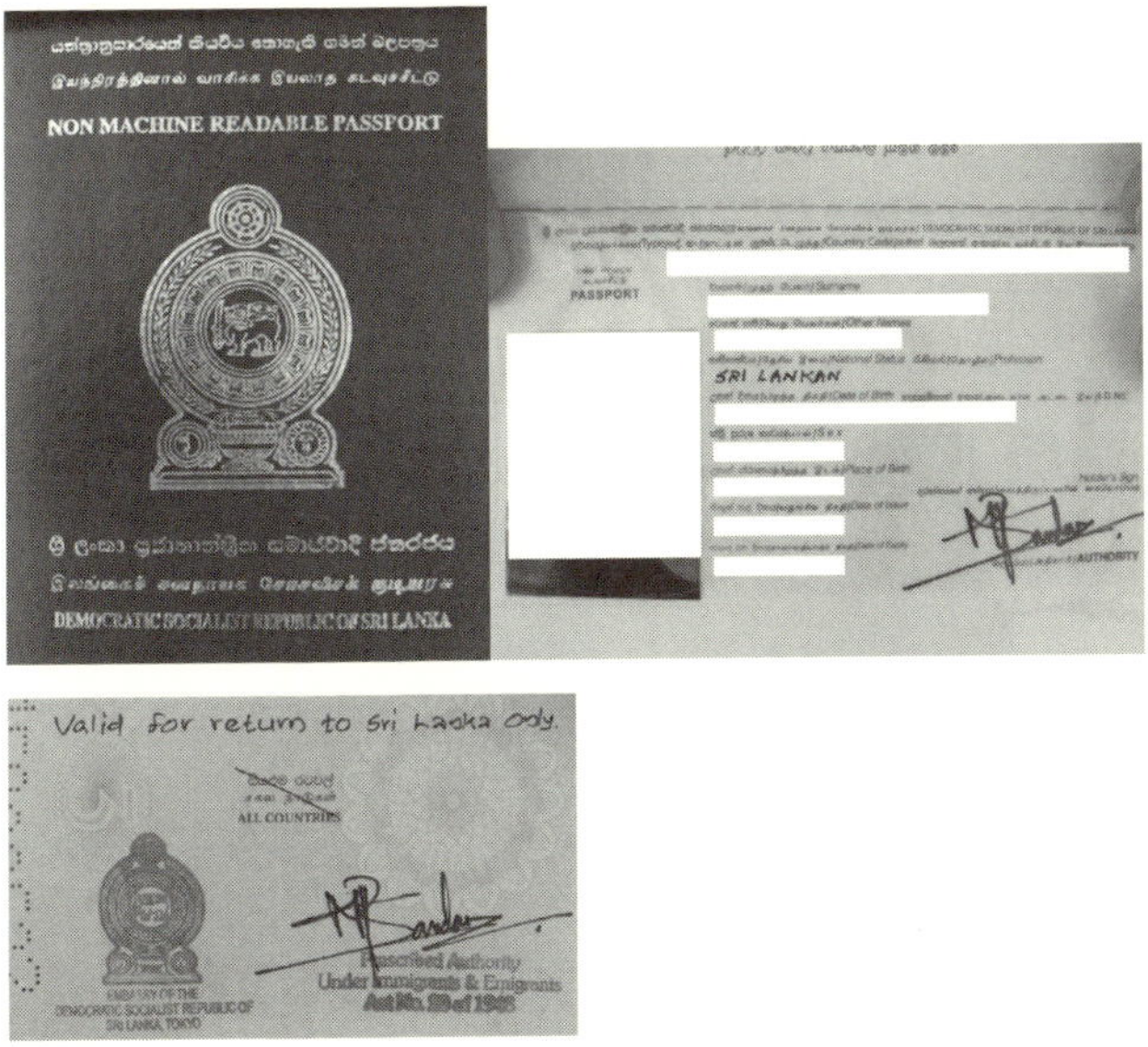

図1　スリランカ大使館発行の一時パスポート
「スリランカに帰国のみ有効」と記載されている。

埼玉県川口市の自宅にまねかれ、クルド料理を堪能する。夫マモさん（左から2人目）、三女（左から3人目）、妻エルマスさん（左から4人目）。ほかは、「夏休みの宿題」をしないまま（？）おおきくなった人たち（2017年。無国籍ネットワーク提供）

3 地域にくらすクルド人

トルコでクルド人は社会的地位につけない。日本にきてはじめて、それを手にいれられる。

クリンチ・エルマス

トルコ―クルド民族―主婦―49歳―在日17年

1990年代中ごろから2000年代はじめにかけて、クルド人男性が単身で日本にやってきた。2010年代になると、女性の婚約者が彼らのあとをおい、さらに一家で来日する人もあらわれた。そして、子どもがふえはじめる。2018年現在、埼玉県の川口市とその周辺にくらすクルド人は1500人以上といわれている。そのうち、子どもがそうとうな数をしめている。一家に4人の子どもは、めずらしくない。

川口市にすみ、日本でうまれた3人の娘さんをそだてているクルド人夫妻をおとずれた。夕食にクルド料理をふるまわれ、食後の紅茶をすすりながら、話をきいた。

●――妻 エルマスさん

トルコのガジャンテップ市から40㎞はなれた村で、うまれました。エルマスという名前がつけられました。宝石のダイヤという意味です。

家族や村の人たちは、6月になると、高原へとうつり、羊・ヤギ・馬・牛などを放牧します。10月になると、平地にもどり、そのあいだ畑をたがやし、家族でてわけしながら、ブドウ・ピスタチオ・小麦などをつくります。

村の道路は土で、ほかの村にいくときは、あるくか、馬をつかってました。電気はとおってなく、テレビやラジオはなく、夜はランプのあかりですごしました。

わたしが6歳のとき(1983年)、はじめて小学校ができました。生徒は25人いて、とおくの村から馬でかよう子どももいました。学校ではトルコ語しかおしえられず、クルド語をはなすと、体罰をうけました。ムチで手のひらをたたかれたり、片足でたたされたりしました。でも、みんなはトルコ語をおぼえられませんでした。

小学校は5年まで、かよいました。ちかくに中学校や高校はなく、バスもないので、町や市にある上の学校にはいけず、ほとんどは進学できませんでした。小学校を卒業したあと、わたしは家で農作業の手伝いをしてました。

病気になったときが、いちばんたいへんでした。患者を町の病院につれていくには、馬をつかい、バス停までつれていきます。でも、バスがそのときにくるとはかぎりません。病院にいけず、死んだ妊婦さんがたくさんいました。お父さんのさいしょの妻は出産したあと、なくなりました。

町の病院にいっても、トルコ語をはなさないと、うけつけてくれません。トルコ語ができる人を、通訳としてつれていかなければなりませんでした。いまでも状況は、おなじです。

2000年当時、日本にくらすクルド人は男ばかりであった。エルマスさんは、初のクルド人女性として日本にやってきた。クルド人花嫁のパイオニア第1号である。

親同士がきめた結婚でした。夫マモははとこで、おさないころから、彼をしっていたので、安心でした。ただ、とおくはなれた日本がどのようなところなのか、まったくわかりませんでした。まよいに、

埼玉県蕨市の市民会館で結婚式をあげた。写真には、男同士でおどっている姿がある。当時クルド人女性は、まったくいなかった（2001年。エルマスさん提供）

まよいました。期待や希望よりも、不安でいっぱいでした。

さいしょ日本語ができず、とまどいました。なにかをかうにしても、値段はわかるけれど、漢字でかかれてあるので、塩なのか、砂糖なのか、どっちなのかわかりませんでした。

買い物や住まいなどすべてをしらないと、生活にこまります。近所の日本人やクルド人などにたずねながら、なんとかおぼえました。日本語も、すんでいるアパートの日本人おばあちゃんや日本人家族などからおしえてもらいました。また、パンフレットやトルコ語と日本語の本をつかいながら、自分でひらがなとカタカナを勉強して、1年目になんとかはなせるようになり、品物の内容もわかってきました。

ほかのクルド人女性は、日本語をはなせません。トルコでじゅうぶんな教育をうけていないからです。上の学校にいけず、勉強することになれていないし、外国語の勉強方法もしりません。

日本にきて、わたしは喘息《ぜんそく》になってしまいました。

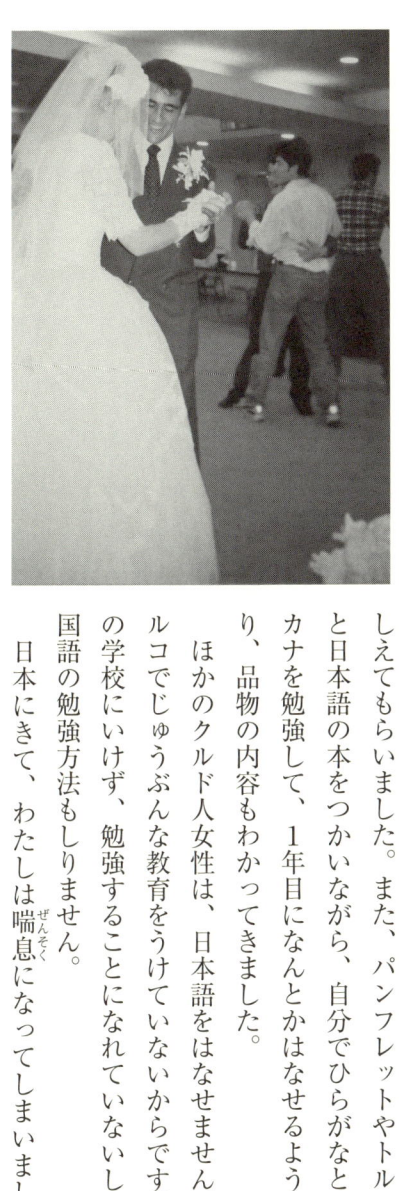

咳がとまらず、くるしいのに、医師のいっていることがわからず、こまりました。「また、きてください」といわれたけれど、どうしてなのかわからず、そのままにしておいたら、喘息がひどくなりました。当時、健康保険がなく、自費ではらわなければなりませんでした。医療費がたくさんかかり、歯がいたくても、ガマンしなきゃいけなかった。病院にいこうとおもっても、なかなかいけませんでした。

在留資格がないと、健康保険に加入することができない。そうしたなか、エルマスさんは出産と子そだてを経験する。

在留資格のないとき、三人の子どもをうみました。市役所がたすけてくれて、出産費用の補助をつかったので、経済的にたすかりました。

子どもの教育で、日本語をおぼえさせるのに苦労しました。はなす言葉は、テレビからと、公園の日本人の子どもたちといっしょにあそびながらおぼえたので、楽でした。日本語は、とくべつの複雑さがあります。実際にしゃべっている言葉と、本にのっている言葉とでは、ずいぶんちがい、混乱します。とにかく言葉がいちばん大事とおもったので、子どもたちが小学校にあがるまえ、ひらがなとカタカナと数字をおしえました。

学校にはいると、子どもたちはすぐに日本語になれ、日本人の友達がたくさんできました。トルコの学校教育とくらべ、日本では子どもを大切にしてます。

2010年に在留特別許可をえた。そして、エルマスさんはあたらしいパスポートをとって、最近トルコにかえった。

在留特別許可がでたとき、うれしいというより不思議な気持ちでした。でも、収容される不安はなくなりました。また、健康保険にはいることができたので、医療費がすくなくてすみ、たすかります。ただ、ほかのクルド家族には在留資格がなく、健康保険証がないので、医療費をはらうのは、たいへんです。

今年(2017年)トルコ大使館でパスポートをつくってもらい、2月にトルコに一時帰国しました。お母さんの体調がわるく、ひょっとして死ぬかもしれないと心配でした。いちどでもいいからあいたかった。17年ぶりでした。

●―夫 マモさん

オレは、トルコのパスポートはいらない。トルコ大使館には、ぜったいいかない。24年間いってない。トルコ大使館に子どもの出生とどけをだしてないので、子どもたちの国籍はない。ほかのクルド人は、子どもの出生とどけをトルコ大使館にだしているかどうか、わからない。オレたちのように、だしていなければ、国籍はない。

90年代、マモさんの故郷の村々は、トルコ軍による焼き打ちにあった。成人になると、クルド人は徴兵でトルコ軍にはいるか、反政府武装組織ＰＫＫ（クルディスタン労働者党）にくわわるか、外国にのがれるか、いずれかの選択にせまられる。マモさんはトルコ軍の兵役をえらび、ロジスティックを担当した。その後、日本にのがれた。

１９９４年に日本にくるとき、畑や羊をうって、ブローカーに５０００ドルしはらった。そのころ日本にきたクルド人はブローカーにたのんでたが、いまでは、日本の親戚をたよって、じかにきている。ブローカーにお金をはらうことは、もうない。

難民申請は１９９６年。オレと同年齢のいとこや親せき15人は、オーストラリアですぐに難民認定され、国籍もとっている。オレは、在留特別許可しかあたえられていない。

いまでもクルド人が日本にくれば、入管になんどもつかまって収容される。１９９４年から、なんもかわってない。日本で難民の保障はない。学校にいくことができても、在留資格がないので、卒業してもはたらけない。だから、学校にいっても意味がない、とかんがえるようになってしまう。

クルド人は解体業かケバブ料理屋にたずさわり、まじめにはたらいている。日本の若者が敬遠する３Ｋの仕事にもかかわらず、外国人収容所に収容されるにもかかわらず、この地日本で生きてゆくたくましさをかんじさせる。

会社をつくって、親方として解体現場ではたらいてる。税金を1年間で700万円もはらっているが、赤字でも税金をとられる。

オレはできるかぎり、娘3人を大学にいかせたい。エルマスが病気になったとき、長女は母親の健康を心配したのをきっかけに、将来医者になりたい、といいだした。それで、長女は学習塾にいって勉強している。次女は、本を読むのがすきだ。シャーロックホームズのようになりたい、警視庁捜査1課の人なりたい、といっている。体操が大すきで、このまえリレーで1位になった。

トルコでクルド人は社会的地位につけない。日本にきてはじめて、それを手にいれられるようになった。外国人がおおくなり、その子どもが大学にすすむ。そうなると、日本社会がちょっとずつかわっていくとおもう。

●——三女（小学4年生）

一家の三女は、29週目の未熟児（体重1696g）でうまれた。歩行障害の後遺症がのこり、リハビリ訓練を毎日おこなっていた。一家をおとずれるたびに、いつも笑顔でむかえてくれる陽気な女の子だ。日本のアニメが大好きで、とくにクレヨンしんちゃんがおもしろい、という。

いま、ウチがいってる小学校に8人のクルド人がいるよ。日本語のわからない子もいて、宿題係りがいる。みんな、どんどん日本語をおぼえていく。小学校1年生のときしゃべれても、かくことはできない。ひらがなやカタカナは簡単で、すぐおぼえるけど、漢字がむつかしくわからない。

学校で一番たのしいのは音楽。リコーダー（たて笛）を練習してると、自然に指がうごくようになった。トルコでリコーダーをふくと、蛇がでてきて、なんだかこわい気がする。足の装具をはずして、うまくあるけるようになったわ。友達もてつだってくれて、体操もできるようになった。

小学校でならっていることはトルコでは中学校レベルって、お母さんがいってた。子どものとき、夏休みの宿題をちゃんとすませておかないと、大人になってからわからなくなるわよって。

彼女のさいごの発言に、同席した大人たちはニガ笑いしてしまった。

コラム

身分証明書あれこれ 2

母子健康手帳、その出生の秘密

無機質な印象

日本で赤ちゃんをうむとき、手あつい保護がうけられる。妊娠の診断書を役所にもっていけば、母子健康手帳があたえられ、母子の検診や予防接種などが無料でうけられる。その母子健康手帳を手にいれてみた(図1)。

図1　英語と日本語表記の母子健康手帳

手帳をみると、たくさんの項目がぎっしりとならび、内容のおおさと記入の複雑さにおどろいてしまう。それをみるお母さんは、頭がいたくなりはしないだろうか。それに、親子の愛情という人間らしい部分をあつかっているにもかかわらず、心なごむ内容というより、データを記入するばかりの無機質な印象をうける。

赤ちゃんの品質管理

日本政府は、この母子健康手帳を途上国にひろめようとしている。ところが、足元の日本では、途上国出身の母子につめたい態度をとりつづけている。在留資格のない妊産婦に母子健康手帳をあたえようとせず、しかも検診や予防接種は有料としている。日本の外と内とで、あきらかに矛盾した対応をとっている。その疑問をひもとくには、母子健康手帳がなぜうまれたのかをさぐる必要があるだろう。

母子健康手帳は、まぎれもない純国産品である。その由来をみると、1940年代のアジア太平洋戦争中に、国家総動員体制のもとでうみおとされた経緯がある。母子健康手帳の原型は、戦争中の1942年につくられた妊産婦手帳である。

いわば、日本独自の出生児の品質管理である。うまれれば、はれて国民の証《あかし》となる。

19世紀から20世紀にかけて工業化がすすんだ。モノをつくる過程で、合理的な方法がとりいれられ、機械化された。それによって、生産性がたかまった。その工業化の応用編として、人間の出産や病院もまた機械化され、合理化がすすめられたのである。戦前の妊産婦手帳には、出産予定日が「生産予定日」としるしてあった。21世紀の今日でも、厚労省の大臣が「女性は子どもをうむ機械」と象徴的な発言をしている。

工場生産から発想された母子健康手帳は、人間を品質管理する赤ちゃん版なのである。お母さんのお腹にいるときから、赤ちゃんは国家の管理をうける。手帳の内容が味気なくみえるのも、これで納得がゆく。

有用と無用の選別

母子健康手帳は、文字どおり母親と子どもを健康にそだてるための記録である。だが、その背後にひそむ本当の目的は、国家のために役だたせることである。将来の戦力や労働力が、たくさん健全に成長してくれないと、国家を運営する者としてはこまる。じつは公衆衛生や社会保障もまた、国民を管理統制する一環として戦前から形づくられてきた。戦後も方針はかわらず、医療や社会保障による国民統制は現在までうけつがれている。

すると、途上国への母子健康手帳の普及は、相手国と協力しながら、その国の母親と子どもを管理し、将来役だつ戦力や労働力を供給することにつながる。そして、日本での途上国出身の在留資格のない母子は役にたたない、と日本政府は判断しているのである。母子健康手帳の表紙をすかしてみると、つぎの絵がうかびあがってくる（**図2**）。

（山村）

図2　母子健康手帳の透かし絵
ⓒ Ouji refugee art work

カトリック川口教会でのベトナム中秋祭り（2017年）

4

ベトナム出身のシスターの足跡

無国籍という国籍で、世界中あちこち自由にいけたら、それがいちばんいいです。

マリア・レ・ティ・ラン

無国籍｜カトリック修道女｜54歳｜在日27年

ベトナムは、中国・フランス・日本・アメリカ合州国などの支配によって、分断された歴史をもつ。そのいっぽうで、ベトナムは南へと領土を拡大してきた。チャム王国を滅亡させ、クメール王朝やカンボジアへの領土侵略が最近までつづいていた。

外国による支配、そして国の分断や侵略というのは、国民の求心力をつよめ、国家統一の方向へとむかわせる。1975年、ベトナムは悲願の南北統一を達成した。


過去は、自分のこころのなかにソッとしまっておきたいです。くわしくはなせなくて、もうしわけありません。

わたしは、ベトナム南部の高原都市ダラットでうまれました。当時、ベトナムは北側と南側にわかれて、内戦がながくつづいてました。そのためたくさんの親子や兄弟もまた、北側と南側にひきさかれてました。わたしの家族や親せきは、南ベトナム政府側についてました。

1975年、北ベトナム政府が勝利し、ベトナム戦争はおわりました。それからというもの、わたしの一家は不運な目にあいました。わたしが大学を卒業したとき、姉から、「ベトナムでは大学を卒業しても、まともな職につけない」ときかされました。親族が南ベトナム政府側についていたので、将来の希望はなかったのです。

それで2番目の姉とともに、ベトナムから他国にいこうと決心しました。なんども、なんどもこころ

フィリピンの難民キャンプにて（1990年。マリアさん提供）

みたすえ、ようやく脱出に成功しました。ちっちゃな船に110人ものって、太平洋をただよっていると、さいわいにも東京からマニラにいく途中の貨物船にたすけられました。

フィリピンのパラワン島につき、そこの難民キャンプで、姉とともにすごしました。ちかくのカトリック教会にいくと、なぜかたいへん心がおちついたので、カトリックの洗礼をうけ、名前をマリアとしました。1990年のことです。

おなじ年、日本の定住難民の許可がおりた。マリアさんと姉は日本にいくことになった。

日本ゆきは、まったくの偶然でした。日本にきてから、長崎県の大村難民収容所で3ヶ月間すごしました。毎日つめたい弁当をだされたのが、つらかったです。

その後、東京の品川国際救援センターにうつり、日本語を6ヶ月間、生活全般についてを3ヶ月間勉強しました。でも、それだけは不十分で、日本語はうまくならず、仕事も日本人との会話も、なにもできませんでした。

品川国際救援センターをでたあと、東京の電機会社ではたらきながら、日本語教室にかよいました。そのころは景気がよく、会社の社員旅行で海外にもいけました。いまほど国境管理はきびしくなかったので、再入国許可書があれば、当時は無国籍でもだいじょうぶでした。

会社につとめていても、いつかは日本語をもっとまなび、将来は社会福祉関係にすすみたい、とおもうようになりました。8年間はたらいた会社をやめ、福祉専門学校にいこうとしました。ところが、なぜか学校がうけいれてくれませんでした。

いき場所のなくなったわたしを、アメリカ合州国にくらす姉たちがみかねて「こっちに、きなさいよ」とさそってくれました。それで、アメリカ合州国にいくつもりで、ビザをまってました。そのあいだ、たまたま群馬県のあかつきの村をおとずれました。精神をわずらったベトナム人などをうけいれている施設です。

精神的な障害をもったベトナム人などを介助したり、ベトナム料理などをつくったりしました。そのときの6ヶ月間は、貴重で、しあわせな体験でした。それで、あかつきの村にしばらくいようとおもい、アメリカ合州国にいくのは、やめました。すると、姉たちからものすごくおこられました。兄は、頭がおかしくなったのではないか、と心配したぐらいです。

そんなとき、ホームビジットとしてベトナムをおとずれた。

ベトナムの子どもたちのおかれた境遇に、ずっと心をいためてました。ベトナムにいったとき、13歳の少女にであいました。彼女は不幸な生い立ちです。まずしい家庭にうまれ、父親から性暴力をうけ、家をとびだしました。そのあと、わるい人にだまされ、売春させられ、麻薬までうたれました。彼女はまだ子どもなのに、ホームレスとなり、しかもＨＩＶに感染していたことがわかりました。世界には、ひどい状況でくるしんでいる人びとがいっぱいいる。そんなことに気づかされ、言葉にならないほどのショックでした。

日本にかえったあと、すぐ日本人神父さまに相談しました。マザーテレサのように不幸な人びとをたすけたい、エイズなど病気にかかっている人のこころのささえになりたい、アフリカにいきたい、とたのみました。すると、神父さまは愛徳姉妹会を紹介しました。かんがえた末、２００２年に愛徳姉妹会にはいりました。カトリック信者であっても、まさか自分がシスターになるとは、おもってもみませんでした。

ベトナムが１９８０年代末から経済開放をおこなうと、日本企業はベトナムへと進出しはじめた。２０００年代にはいると、日本はベトナムから技能実習生や留学生をうけいれるようになった。その技能実習生や留学生が、いまや急増している。

現在、埼玉教区のカトリック川口教会のシスターとして信者をささえています。教会には、ベトナムからの技能実習生や留学生がたくさんあつまります。ベトナムには仏教信者が8割いますが、キリスト教信者も1割ちかくいます。ベトナム中北部に信者がおおく、この地域から技能実習生や留学生が日本にやってきます。

技能実習生や留学生は、いっぱい借金をかかえたまま、日本ではたらきます。ところが、はたらいても給料はすくなく、とても借金をかえせません。賃金未払い・突然の解雇・暴力・セクハラ・労災かくし・強制帰国・過労死・自殺など、たくさんの問題がおきています。

技能実習生として日本にきた19歳の女性は、農家で畑の仕事をしてました。日本人がなにか命令したのですが、彼女は日本語がわかりません。それで日本人がおこって、暴力をふるい、足にケガをさせてしまったのです。1週間入院したあと、ベトナムでの借金をかえすため、それでもはたらかなければなりませんでした。社長にうったえましたが、なにもかわりませんでした。

それで農家から駅まで5㎞あるいて、電車にのり、埼玉県の川口駅でおりて、やっと教会にたどりつきました。彼女は泣きながら、おきた出来事をはなしました。わたしは何時間もかけて「弁護士に相談しましょう」と説得しました。そしたら、彼女はこたえました。

「シスター、弁護士に相談したいのですが、農家にまだ仲間がいるので、うったえたら、みんな強制帰国させられるかもしれません。彼女たちは、お金をいっぱいかりて、まだかえしてません。犠牲は、わたしひとりだけでいいです」

彼女はあきらめ、ひどく精神をわずらったまま、ベトナムに帰国しました。

150万円はらって、日本に留学した人もいました。利子は1％で、毎月1万5000円にもなります。日本にきたら、中国系の日本語学校で、建物はボロボロ、雨もりして、教師は中国人でした。1年半勉強しましたが、彼は日本語がうまくなりませんでした。借金をかえせないまま、中途退学になりました。

そうした問題に対応するには、まずベトナム人コミュニティがしっかりしなければなりません。旧正月・中秋祭り・クリスマスなどのイベントをひらきながら、コミュニティを活発にさせ、技能実習生や留学生を元気づけてます。

また、日本にきてまもないベトナム人のために日本語教室をひらいていますし、中学や高校にすすむベトナム二世の進学相談にものっています。日本とベトナム、それぞれの社会教育も大切なので、ベトナムの教会と日本の教会とをつなげるつもりです。

そのせいなのでしょうか、川口教会は祭りばかりやっているといわれたり、人をよく紹介するので、シスターマリアはブローカーとよばれたりもします。ベトナム人は、おもしろい冗談をよくいいます。

ベトナムは南北にながい国です。北部・中部・南部は、性格や文化もちがいますし、料理もちがいます。北は酸っぱくからいし、南はあまい味つけです。でも、カトリック教会にきている人たちは、南も北もありません。

マリアさんは実質上無国籍なのに、日本政府は「無国籍」としてあつかっていない。

カトリック川口教会でベトナムの若者たちとおどるマリアさん(左から２番目)（2017年）

愛徳姉妹会から海外に派遣されますが、そのときに苦労します。カトリックの修道女といっても、カトリック国のフランスやフィリピンでさえ、入国するためのビザをあたえてくれません。再入国許可書ではダメなのです。身分を証明するものがなにもなく、もし事故がおきたとき、その国で責任がもてないとのことでした。かなしいです。

あるとき、飛行機にのりかえる際、アムステルダムの国際空港でひきとめられて、ながい時間いろいろと質問され、もうすこしのところで飛行機をのがすところでした。マニラ国際空港では、フィリピンに入国できず、行きとおなじ飛行機で日本にもどったこともあります。ベトナムには、観光ビザではいれるので、問題ありません。

同僚のシスターは、「不便なので、日本国籍をとったら」といいます。でも、どうして日本国籍をとらなければならないのでしょうか。わたしは、うけいれられません。この顔、この性格は、ベトナム人そのものなのです。

日本国籍をとることに、ためらいがあります。ながく日本にすんでも、永住権をとっても、わたしのこころは、うまれそだったベトナムにあるからです。どの国籍がいいのか、という質問ですか。もちろん、ベトナム国籍です。でも、それはかなえられません。
自由のためにベトナムからのがれても、日本で自由になれませんでした。でも、わたしのこころはいつも自由です。国籍がなくても、国籍があっても、みんな平等なのです。無国籍という国籍で、世界中あちこち自由にいけたら、それがいちばんいいです。

人生の一大転機をもたらしたベトナム人少女と、その後も手紙などで連絡をとりあっていた。マリアさんと出あって7年後、彼女はエイズでなくなった。享年20歳。この世にいなくても、マリアさんの心のなかで、少女は生きつづけている。それが、マリアさんの奉仕活動の原動力となっている。

コラム

身分証明書あれこれ 3

不便きわまりない再入国許可書

100万円以上もするパスポート代

あるビルマ難民はかたった。

「わたしと夫は、アメリカ合州国や中国にでかけました。身分を証明するパスポートがなかったので、国境や州をこえるたびに、いったいどこの国の人なのかをうたがわれ、ながいあいだ問いつめられ、たいへんなおもいをしました」

彼／彼女らにパスポートがないのは、理由がある。

かつてのビルマ大使館は、税金と称して、日本に在住するビルマ人にたいして1ヶ月1万円を徴収していた。はらわなければ、パスポートの更新ができなかった。非正規移民・難民認定者・在留特別許可取得者・難民申請者は、この税金を拒否していた。

2015年ビルマが文民政権となり、〝民主化〟された。しかし、日本の難民や非正規移民がビルマのパスポートやIDカードをえようとすれば、1万円×滞在期間（ヶ月）の集計した金額をビルマ大使館にはらわなければならない。日本の滞在が10年間であれば、120ヶ月で、120万円となる。夫婦二人だと、倍の240万円となる。これでは、とてもはらえる金額ではない。実質的に、彼／彼女らはビルマにもどれずにいる。

他国のビルマ人は、難民認定され、永住権をえて、移住先の国籍をとっている。そのような人は、安心して、ビルマと居住国、そして他国を行き来している。冒頭でのべたビルマ難民は、在留特別許可をあたえられた無国籍者である。

国境での不安と緊張

そこで彼／彼女らは、日本にもどるための再入国許可書をもって海外にでかける。その再入国許可書は、あたかもパスポートのようなつくりとなっていて（**図1**）、なかのページに有効期限つきのシールがはられている（**図2**）。無国籍者にとって海外でかろうじて自身を証明するものであるが、再入国許可書を渡航先国の入国審査官にみせても「これは、なんですか」とつっかえされ、むしろ質問ぜめにあう。

日本の再入国許可書をもっているからといって、海外の日本領事館の保護をうけることはできない。海外にいっているあいだに、再入国の有効期限がきれれば、日本に入国できず、さらに在留資格をうしなってしまう。そのような、たいへんおそろしい許可書でもある。

出入国するたびに不便さをかんじ、「この国はわたしをうけいれてくれるだろうか」と不安にかられながら、国境で緊張を強いられる人びとが、日本にたくさんいる。朝鮮籍の人、難民申請して在留特別許可を取得した人、そして定住難民である。

（山村）

図１　再入国許可書

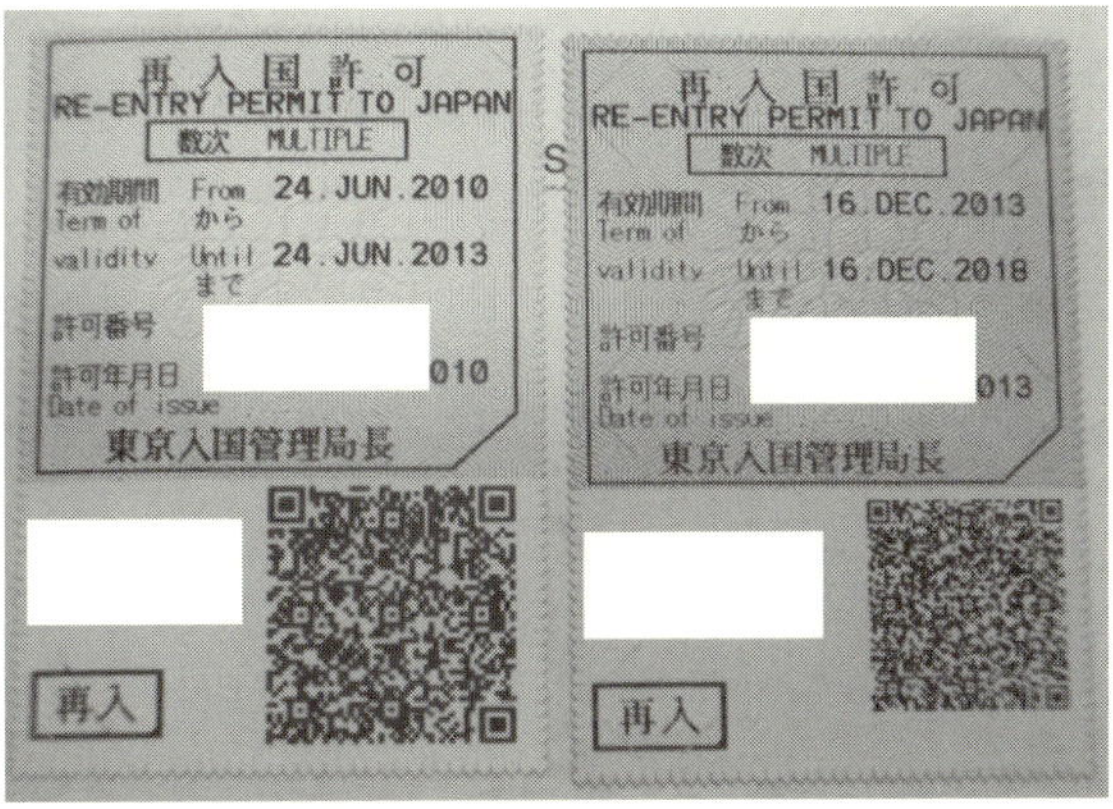

図２　再入国許可のシール

東京地方裁判所前にて垂れ幕をかかげているディプティさん。幕の「訴」の点がぬけているのは、ご愛嬌（2007年。ディプティさん提供）

5 山の民からの声

アジア開発銀行のODA援助によって、わたしたちのコミュニティがこわされています。

ディプティ・シャンカー・チャクマ

無国籍｜バングラデシュ・ジュマ民族｜会社員｜46歳｜在日15年

バングラデシュの国土のほとんどは、インドにかこまれている。そのいっぽう、バングラデシュ東部にインドの一部をかこむ地域がある。そのいりくんだところが、チッタゴン丘陵地帯である。そこに、推定50万人のジュマ(焼畑する人びと)民族がくらしている。先住民族で、固有の文化と習慣をもつ。言語は地方のチャクマ語やトリプラ語などで、仏教を信仰している。

バングラデシュの独立は1971年である。翌年、ディプティさんはチッタゴン丘陵のランマガティ県で7人兄弟の長男としてうまれた。父は学校教員であった。


1979年(7歳)に小学校に入学しました。家ではチャクマ語ではなしてましたが、学校ではバングラデシュ公用語のベンガル語による教育でした。

中学生と高校生のころの1980年代、バングラデシュでは軍人が政権をにぎりました。そのとたん、チッタゴン丘陵地帯でバングラデシュ軍の暴力がはげしくなりました。ジュマの村々に、突然バングラデシュ軍がやってきて、家や寺院に火をつけ、もやしていきました。軍隊の暴力によって、インドにのがれる人びとがふえました。当時メディアは、チッタゴン丘陵地帯にはいることはゆるされず、これらの被害がおおやけにされることはありませんでした。

わたしたち一家は、村のちかくの森のなかににげました。軍隊が村にいるあいだ、数週間を森の避難民キャンプですごし、軍隊がひきあげると、村にもどります。村と森の避難キャンプの往復生活が、しばらくつづきました。森のなかでは、木々などをあつめて住まいとし、バナナやサツマイモなどをたべながら、すごしました。

１９９１年、チッタゴン大学に入学しました。大学ではジュマへの差別的な言動はみられず、自由にジュマ民族の権利擁護活動に力をいれることができました。チッタゴン市よりもチッタゴン丘陵地帯のほうが、むしろ危険でした。軍隊があちこち監視していたからです。

それでも、チッタゴン市でデモをおこなったとき、わたしは学生団体の代表としてつかまりました。刑務所は窓のないちいさな部屋で、一日中くらく、ひとつの部屋に４人もいれられました。なんとか２週間後にでられました。投獄されても、大学卒業後も活動をつづけました。

１９９７年になると、ようやく平和協定がむすばれました。その内容は、バングラデシュ軍の撤退、ベンガル人入植の中止、ジュマの武装解除です。しかし、軍の撤退と入植中止は、現在にいたってもまもられていません。

平和協定に調印したジュマの団体に不満をもっていたので、仲間とともにべつの団体を設立しました。すると、ジュマの分裂をまねいたためなのか、わたしたちの団体の中心メンバーが、ジュマの人にころされてしまったのです。共同代表のわたしも、政府からの迫害をうけると同時に、ジュマ内部からの危険をかんじるようになりました。

そこで、親戚の女性が日本人男性と結婚していたので、彼／彼女らをたよって、２００３年に来日しました。したしい日本人やアメリカ人牧師の家を転々としました。さいしょは、神奈川県の部品工場ではたらきました。ビザがきれたので、すぐに難民申請しました。入国管理局（入管）にいくと、いつも入管職員から「バングラデシュに、かえりなさい」といわれてました。

２００４年に難民不認定となり、入管の外国人収容所に収容されました。収容所でいろいろな国の人にあいました。わたしがバングラデシュ出身とあいさつすると、「ウソでしょ」といわれました。モンゴロイド系の顔つきだったからです。

収容中、わたしへの面会はほとんどなく、外にでられず、くるしかったです。これまでの日本の生活のなかで最悪でした。


15ヶ月間収容されたのち、ようやく仮放免された。その後の生活は、順調とはいかなかったが……。


東京・足立区にすむことになり、仕事をさがしはじめました。道をあるいていると、金物店の社員募集広告を目にしました。そこで、その店に電話をかけました。

「**パスポートはないけど、難民申請中の紙があります**」

「**国はどこですか？**」

「**バングラデシュです**」

1時間後に、電話がかかってきました。

「**いちど面接にきてください**」

金物店へ面接にいくと、店の社長さんがまってました。

「**いつからきますか？**」

「**いつでも、だいじょうぶです**」

そのままやとってくれました。

難民申請中の人をやとうのは、英断である。職場の日本人上司ふたりが、ちょうど連続セミナーに参加していた。

日本人上司の話

10年以上はたらいてます。仕事ぶりは、まじめです。接客業で非常にたいへんなのに、耐えてよくやっているな、とおもいます。自分がさいしょに面接すれば、とらなかったかもしれません。でも、大当たりでした！　宝クジにあたったようです。

理解ある日本人にむかえいれられ、幸運であった。さらにうれしい出来事があった。外国人収容所で収容されているあいだ、みずから難民裁判をおこした。

裁判に勝ち、ようやく難民認定されました。いちばん、うれしい日です。ジュマの勝利とおもいました。

１９９０年代、チッタゴン丘陵地帯では住民の98％がジュマでした。２０１８年にはジュマが50％となってます。それだけバングラデシュ人の入植がすすんでいるのです。

現在でも、ジュマの同意なしに、バングラデシュ人が勝手にはいりこみ、焼き打ち事件やレイプ事件などをひきおこしてます。背後にバングラデシュ軍がひかえているので、抗議するのも命がけです。インドをはじめとし、ほかの国にジュマは難民としてのがれてます。

韓国では支援者がジュマの活動に積極的にかかわっているので、100人ちかくものジュマが難民認定されてます。わたしの学生時代にいっしょに活動した友人たちも、欧米などで難民認定されてます。1980年代、インドにのがれたジュマの子どもをフランスのミッテラン大統領がひきうけました。それ以降、フランスはジュマ難民をたくさんうけいれています。

ここ日本では、ジュマの存在や迫害状況が、まったくしられてません。日本にくらすジュマは現在70人ほどで、そのほとんどは栃木県や群馬県にすみながら、工場ではたらいてます。難民認定者はたったの5人、在留特別許可取得者は15~20人、のこりの数十人は難民申請中で、特定活動ビザをもっているので、はたらくことができます。ただ現在も、外国人収容所に収容されているジュマが数名います。

難民認定されたのち、おおやけに活動ができるようになり、2008年にザ・ワールド・ジュマ・ボイス・オブ・ジャパンを設立した。

活動として、毎年4月に自治体の地域センターでボンサビ祭りをひらき、水タバコ・食事・衣装などの伝統文化を日本の人に紹介しています。ジュマには、イスラム教のようなタブーはありません。ほとんどは仏教徒で、ブタをたべるし、酒(どぶろく)をのみ、水タバコをすいます。民族衣装は自前でつくってます。バングラデシュのサリーやビルマのロンジーともことなり、ジュマ独特の服です。

外務省前での抗議活動。ディプティさん(右端)たちは、バングラデシュへのODA中止をもとめている(2008年。ディプティさん提供)

2008年7月に北海道の洞爺湖で世界先住民会議がひらかれたとき、わたしはジュマ民族代表としてスピーチしました。会議のあと、北海道のアイヌ文化センターをおとずれ、展示されたアイヌの生活や文化をみました。自然とともにくらしていたときのアイヌの生活は、ジュマとそっくりでした。

ほかの活動として、バングラデシュ大使館前・国連大学前・外務省前で抗議デモをおこなってます。バングラデシュ政府にたいして、日本政府は軍隊撤退やベンガル人入植中止の圧力をかけてほしい。また、日本からのODA援助をぜひ中止してもらいたい。

日本が資金をだしているアジア開発銀行のODA援助によって、チッタゴン丘陵地帯で道路建設・大規模植林・プランテーションなどがおこなわれてます。そうすると、ジュマはすんでいた土地をおわれ、ジュマのコミュニティがこわされます。しかも援助金は、まわりにまわって、バングラデシュ軍の武器へとかわります。

ジュマがもとめているのは自治です。自治政府ができきれば、財源は果物栽培や林業などでまかなえるでしょう。

バングラデシュにのこっている妻と娘(当時7歳)を日本によびよせた。バングラデシュをはなれてから6年目の再会である。そして、2年後に次女がうまれた。

わたしが日本にいるあいだ、電話はなかったので、妻とは手紙でやりとりしてました。手紙は絶えずチェックされてたようです。警官が家にやってきて、「夫はどこにいるのか」などの質問をくりかえしてました。

長女はバングラデシュでうまれましたが、パスポートの更新をしてません。次女は日本でうまれましたが、バングラデシュ大使館に出生とどけをだしてません。長女と次女は無国籍なので、将来どうなるのか心配です。

日本にすんでいても、わたしはあくまでジュマです。バングラデシュ国籍ではないし、日本国籍はとりたくありません。国籍はなくてもかまわない。チッタゴン丘陵地帯が平和で安全になったら、ぜひかえりたい。

わたしはバングラデシュの森の民です。アジアの片すみでくらす少数民族ジュマは、近代化がすすんだ日本社会の人にとって、ちいさな存在でしかありません。いや、きっと目にみえていないでしょう。それでも、ジュマ・ボイスに耳をかたむけ、自然とともにくらす人間がおなじ時代にくらしているんだと、それだけでも、しってほしいです。

1971年、独立してあたらしく誕生したバングラデシュに、おおくの人びとが救いの手をさしのべた。元ビートルズのジョージ・ハリスンは「バングラデシュ」という歌までつくり、多額の援助をおしまなかった。日本からもたくさんの人びとが、奉仕活動にかけつけた。

「あたらしい国づくり」や「独立」は、ここちよいひびきを人びとにあたえる。だが、光あたるところ、影がつくられる。希望ある国づくりと開発の過程で、少数民族が犠牲となる。最貧国といわれる国への援助がまわりにまわって、特定の人びとを傷つけていたのである。

現場ではたらく国際機関・国家援助機関・国際NGOの人たちの善意は、うたがいをいれない。ただ、彼／彼女らをみるにつけ、イタリアのことわざをおもいださずにはいられない。

「地獄への道は、善意で舗そうされている」

コラム

身分証明書あれこれ

4

紙きれの難民認定証明書、役たたずの難民旅行証明書

たった７５０枚の難民認定証明書

ある紙を難民にみせてもらった。１枚のＡ４サイズの裏表である。それは、難民認定証明書であった（**図1a、1b**）。これだと、だれにでも作成できてしまうのではないだろうか。１９８２年から２０１８年までの37年間、この紙きれは７５０枚しか発行されなかった。受けとれなかった不認定者は、４万８０００人以上にのぼる。

無意味な難民旅行証明書

その７５０人が認定されると、難民旅行証明書をもらうことができる（**図2a**）。ところが、日本人用の精巧なパスポートにくらべ、粗雑なつくりとなっている。これでは、いともかんたんに偽造できてしまいそうで、本当に海外で通用するのかしら？　とつい余計な心配をしてしまう。

難民認定されても、難民は日本政府によって粗末にあつかわれているのだが、難民認定証明書や難民旅行証明書は、それをまさに「証明」している。ほとんどが難民不認定のなか、たった７５０人のために、わざわざ難民旅行証明書をつくるのも、経費のムダだとおもったのだろうか。

その難民旅行証明書は、難民条約に加盟している国のみ有効である。タイやマレーシアなどは難民条約に加盟していない。すると、日本のビルマ人難民認定者は、タイやマレーシアにくらす友人や親にあうためには、難民旅行証明書ではなく、再入国許可書をもたなければならない。ほとんど意味がないなら、あえて難民旅行証明書の申請手続きをしない難民認定者もいる。さらに、難民旅行証明書の存在さえしらなかった難民認定者もいた。

粗雑な対応を証明する〝証明書〟

難民旅行証明書の中身をみると、日本国法務大臣の箇所に二重斜線がひかれている（図2b）。日本人のパスポートで、外務大臣がこのような雑な対応をするはずもない。他国の入国審査で、偽造パスポートではないか、とうたがわれてしまうからである。難民認定されても、法務省からぞんざいにあつかわれていることを、ここでも「証明」している。

それでは、難民認定されなかった人たちは、法務省からどのようにあつかわれるのだろうか。コラム1「'あの世ゆき'のパスポート」とコラム3「不便きわまりない再入国許可書」を参照していただきたい。（山村）

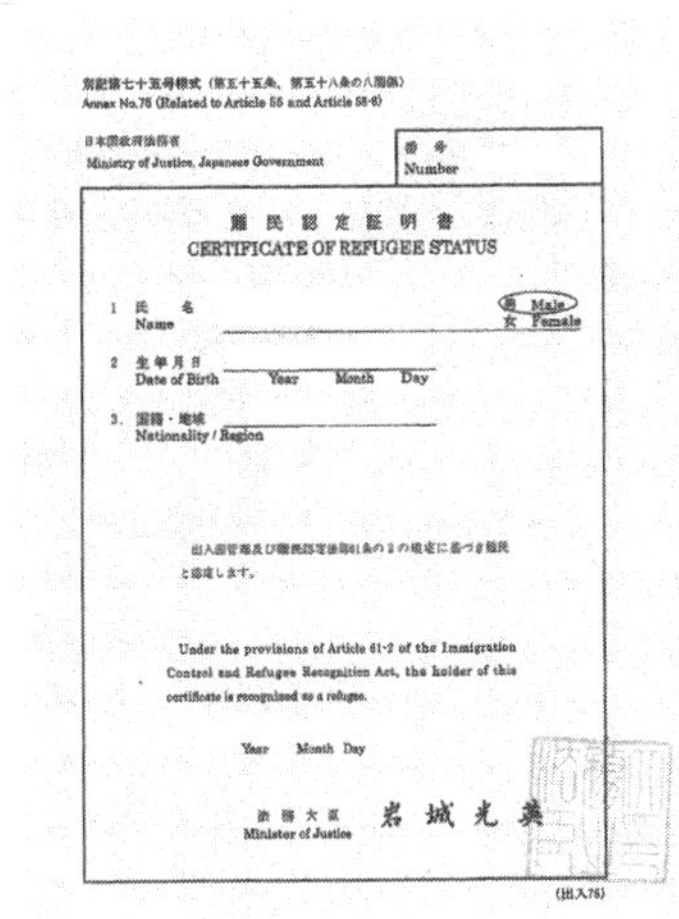
別記第七十五号様式（第五十五条、第五十八条の八関係）
Annex No.75 (Related to Article 55 and Article 58-8)

日本国政府法務省
Ministry of Justice, Japanese Government

番号
Number

難民認定証明書
CERTIFICATE OF REFUGEE STATUS

1 氏名 Name　男 Male / 女 Female

2 生年月日 Date of Birth　Year Month Day

3. 国籍・地域 Nationality / Region

出入国管理及び難民認定法第61条の2の規定に基づき難民と認定します。

Under the provisions of Article 61-2 of the Immigration Control and Refugee Recognition Act, the holder of this certificate is recognized as a refugee.

Year Month Day

法務大臣 Minister of Justice　岩城光英

（出入76）

図 1a　難民認定証明書 オモテ

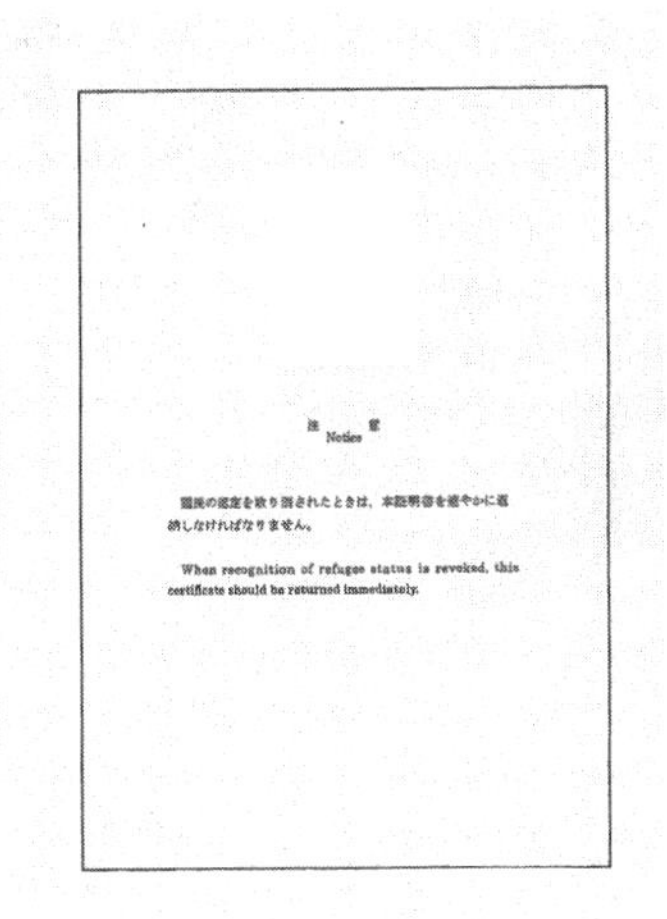
注意
Notice

難民の認定を取り消されたときは、本証明書を速やかに返納しなければなりません。

When recognition of refugee status is revoked, this certificate should be returned immediately.

図 1b　難民認定証明書 ウラ

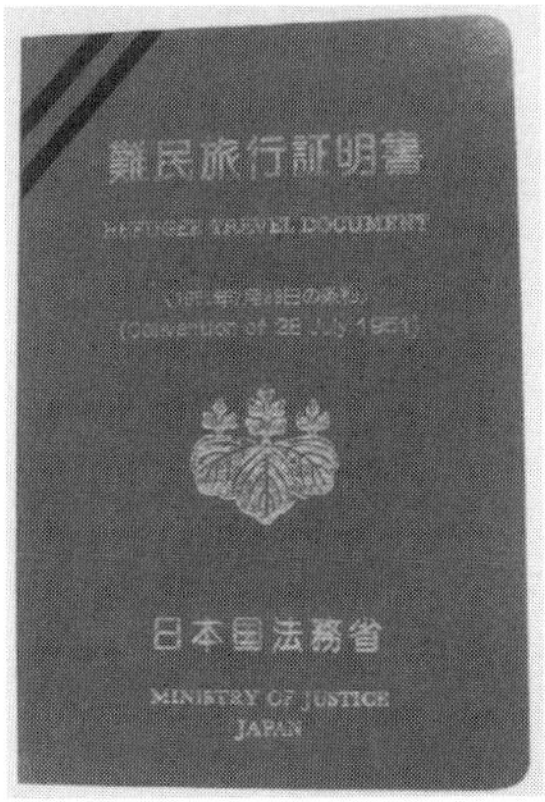

図 2a　難民旅行証明書 表紙

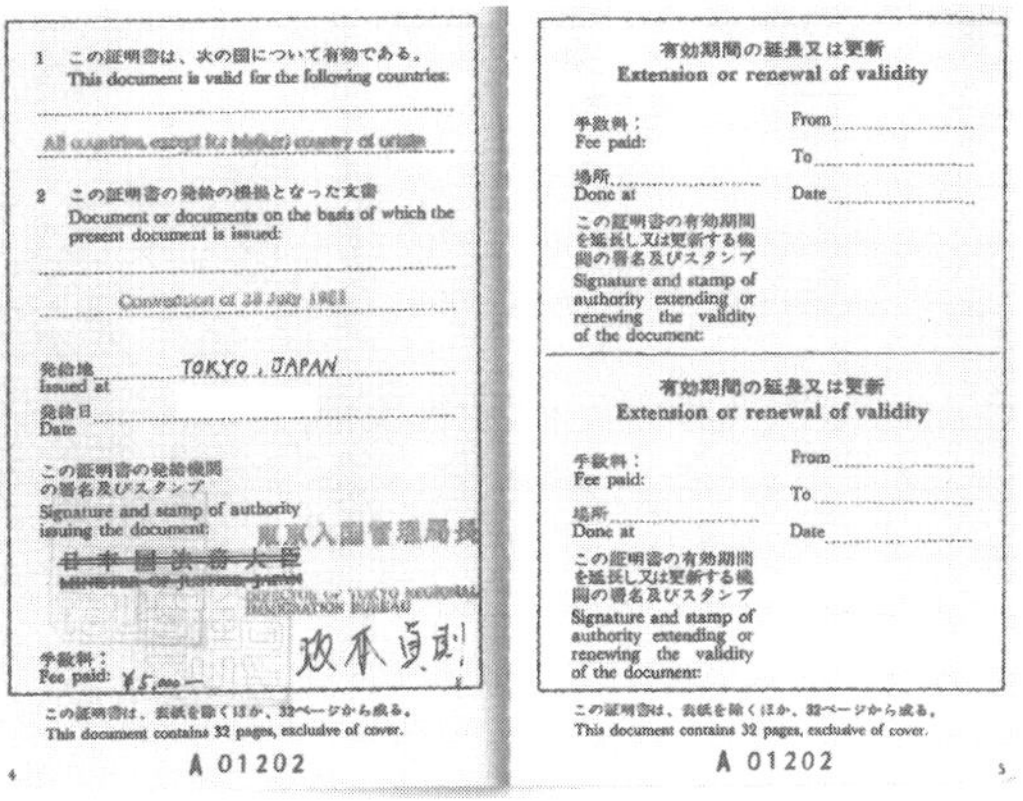
1 この証明書は、次の国について有効である。
This document is valid for the following countries:

All countries except the holder's country of origin

2 この証明書の発給の根拠となった文書
Document or documents on the basis of which the present document is issued:

Convention of 28 July 1951

発給地 Issued at　TOKYO, JAPAN

発給日 Date

この証明書の発給機関の署名及びスタンプ
Signature and stamp of authority issuing the document:
~~日本国法務大臣~~
~~MINISTER OF JUSTICE JAPAN~~
東京入国管理局長
DIRECTOR OF TOKYO REGIONAL IMMIGRATION BUREAU
坂本貞則

手数料：
Fee paid: ¥5,000—

この証明書は、表紙を除くほか、32ページから成る。
This document contains 32 pages, exclusive of cover.

A 01202

有効期間の延長又は更新
Extension or renewal of validity

手数料：
Fee paid:

From
To

場所
Done at

Date

この証明書の有効期間を延長し又は更新する機関の署名及びスタンプ
Signature and stamp of authority extending or renewing the validity of the document:

有効期間の延長又は更新
Extension or renewal of validity

手数料：
Fee paid:

From
To

場所
Done at

Date

この証明書の有効期間を延長し又は更新する機関の署名及びスタンプ
Signature and stamp of authority extending or renewing the validity of the document:

この証明書は、表紙を除くほか、32ページから成る。
This document contains 32 pages, exclusive of cover.

A 01202

図 2b　難民旅行証明書 中身

第2章

開拓精神をひきつぐ次世代

解説

連続セミナーは、２０１７年の1年間4回だけのつもりであった。1年目の連続セミナーが終了したのち、「つづけておこなっていただきたい」と無国籍ネットワークから要望があった。そこで、基本的なテーマはかえず、おもに移民二世をとりあげることにした。こうして連続セミナーは2年目をむかえた。

一世と二世とでは、親子のギャップ以上に、文化的ギャップがあらわれてくる。一世におおきな影響をうけるとしても、日本でうまれそだてば、本国へのおもいや日本にたいするかんがえは、一世とことなる。日本社会の習慣や文化が、二世の人生にふかくはいりこんでいるのである。

それでも、二世たちの話から共通してわかったことがある。一世があゆんできた道を、二世はその道をふりかえりつつ、さらに前につきすすもうとする意気込みがみられる。一世の文化をひきつぐのはもちろん、一世がえられなかった職を、なしとげられなかった夢を、二世は一世の意志をバトンタッチしながらゴールをめざす、その姿勢である。本章では、その姿をつたえる。

（山村）

獨協大学生にかこまれて。中央が長谷川留理華さん（群馬県館林市。2017年）

もう一歩ふみだせば、その子の給食もハラールでつくれるようになります。

長谷川留理華
ロヒンギャ系日本人｜主婦｜29歳｜在日17年

1 小さなことからはじめる

ロヒンギャ難民問題にかんして、学生から「わたしたちに、なにができるだろうか」という質問にたいして——

「学生さんほど、力をだしあえる人はいません。その気さえあれば、えらい人にあうこともできます。すぐに大臣や官僚にあうことは無理だけれど、政府に何人かで手紙をだせます。そういう小さなことからはじめれば、きっとなにかが芽ばえるとおもいます」

ビルマでの名前は？　ときくと、のっけから「父がルイン・ティダと名づけました。ビルマでは、どこにでもあるダサい名前です」とかえってきた。留理華さんは話しずきで、あかるい聡明な女性である。くったくのない留理華さんはしかし、おさないころから、イスラム教を信仰する少数民族ロヒンギャへの偏見と差別をかんじ、将来にたいする不安をいだいてきた。

わたしは、ビルマのアラカン州でうまれ、3歳くらいまでアラカン州にくらしてました。アラカン州の家に、なんども警察が父をさがしにきたりしました（後述）。母はアラカン州にのこったら、自分と3人の子どもたちに危害がくわえられるかもしれないとおもい、それで家をうりはらい、首都ヤンゴンにうつりました。そこで家族4人で、すごしました。姉はママっこで、弟は陽気な少年です。

ヤンゴンの小学校にかよいはじめたのですが、学校は仏教のおしえがあり、毎朝仏へのお供えをしなくてはなりません。

イスラム教の生徒がそれを拒否すると、先生がわたし達にたいして「カラーは、これだから」と言葉の先々に「カラー」でかたづけてしまいます。「カラー」というのは、ビルマ語で「インド系ガイジン」という意味で、差別的な言葉です。

先生が「カラー、カラー」というせいで、クラスの同級生も「カラー」とよぶようになり、生徒の保護者のなかには、「カラー」と友達になってはいけません、という人もいました。ずっと「カラー、カラー」

とうしろ指をさされました。親の目がとどかないところで、仏教徒の友達といっしょにあそんでましたが、その友達もわたしと口をきかなくなりました。当時それがあたりまえ、とおもってました。

ビルマでは、12歳になると、国民カードを学校で全員申請します。ほかの生徒とおなじように、わたしも申請しました。父や祖父、そして先祖代々は国民カードをもっていたので、もらえるものだとおもってました。ところが、わたしはロヒンギャで、「カラー」だからといわれ、うけつけてもらえませんでした。ショックでした。べつのロヒンギャの生徒はピンクの国民カードを没収され、かわりに白い外国人カードをわたされてしまったのです。

わたしは涙ながら母親にうったえました。国民カードをもらえなければ、大学進学もできないし、社会的な地位にもつけません。そんな国でずっとくらさなければならないとおもうと、将来がすごく不安になりました。学校にいっているあいだ、ずっと心細かったです。

ちょうどそんなとき、日本にいる父が難民申請後に在留特別許可をえました。家族よびよせが可能となり、家族全員が日本ゆきをきめました。タイのバンコクで父とあい、日本にむかいました。

――12歳で日本にきました。印象はどうでしたか。

夜日本について、さむかった。成田空港から群馬県館林市まで直行しました。ちいさなアパートの一室で、家族全員で一夜をあかしました。つぎの日の朝おきたら、まわりは田んぼだらけで、おどろきました。

さいしょ、あそびたい気持ちでいっぱいでした。でも、つぎの週から学校にいかなければならず、なんだぁ休みはなかったんだ、とのんきにおもってました。翌週からわたしの年齢にあわせて、小学校6年生のクラスにいれられました。田舎の小学校で、わたしがはじめての外国人だったので、みんなにめずらしがられました。

英語をはなせるアメリカ人ともだちの同級生と仲よしになり、とくべつイヤなことはありませんでした。卒業式の練習で、みんないそがしく、ほとんど記憶にのこってません。

田舎の小学校から、大規模な中学校にうつりましたが、最悪な3年間でした。日本にきて、「カラー」といわれなくなり、平和がもどった。正直そうおもってました。でも、言葉がわからず、イジメにあいました。肌の色もイジメの対象になりました。男子の不良たちに標的にされ、「弁当がカレーだから、肌の色もくろい」ともいわれました。そうしたイジメよりも、無視されるのがもっともつらかった。当時ひとりですごす時間がおおかったです。

イスラム教のおしえ一句を100回となえれば、敵からまもられる、とおもってました。朝はやくおきて、今日はいじめられないようにと、いつも祈るようにとなえてました。でも……、なにもかわらなかった。おもいだしたくもない、ほんとうにイヤな3年間でした。

日本語の作文大会があり、「お米とわたし」という題で発表しました。ビルマと日本のお米のちがい、米の性質、食感、炊き方などをつづりました。そしたら、金賞をとれました。それが、たったひとつのよい思い出です。

高校は太田市です。高校デビューして、友達がいっぱいできました。朝めざめてから、めいっぱいたのしかった。高校で元気にあいさつをかわし、カラオケやプリクラをたのしみました。うれしくて、た

中学時代の作文大会で金賞を受賞する（2003年。長谷川留理華さん提供）

のしくて、愉快で、このとき日本語をいっぱいおぼえました。自分から声をかけて、友達をつくろうとしました。わたしは、もともと根があかるい方なんですよ。

男の同級生とはなすことも、新鮮でした。イスラム教徒の女性は男性といっしょになることはなく、はなす機会もありません。高校ではわからないことがあっても、同級生の彼／彼女らに気軽にきき、こまることはありませんでした。

高校のとき、お店でアルバイトをして、日本語と日本社会をしり、たいへんよい経験をつみました。中学生のときに日本語を必死におぼえましたが、あまりしゃべりませんでした。失敗したらどうしようかと、いつも不安だったからです。高校では失敗しても、あかるくのりこえられました。

その後高校を卒業し、建築デザイナーをめざし、専門学校にすすんだ。そして、建築士2級をとり、会社にはいり、仕事にはげんでいた。いずれ独立しようとおもっていた。ところが、息子が大病をわずらってしまい、会社をやめざるをえなかった。現在、家事をこなし、家族経営の雑貨店「ローズファミリー」を手伝い、そしていずみ橋法律事務所でロヒンギャ語の通訳をしている。

専門学校にかよっているとき、イタリアやスペインなどの海外留学を夢みてました。でも無国籍なので、海外にでかけるとき、再入国許可書が必要となります。書類をいっぱいだして、渡航先国のビザをとらなければなりません。結局断念しました。弟もアメリカ留学をこころざしてました。

わたしの子どもが、おなじように不安定で不安な生活を強いられるのかとおもうと、心配でなりません。父もまた、ビルマにのこっている母親（留理華さんの祖母）に一目あいたかったし、仕事も輸出業なので、海外との取引をスムーズにおこないたかったようです。看護師となって自立している姉は妹弟おもいで、いちばん国籍取得をのぞんでました。なんとしてでも国籍がほしい。そうおもうようになりました。そして、２０１３年に家族全員で日本国籍をとりました。

——国籍をとって、得したことはなんだとおもいますか？

それは、どの国へでも自由にいけること、かえる居場所をもったこと、選挙に投票でき自分たちで議員をえらべることです。これらは、ビルマでロヒンギャにゆるされなかったことです。

ただ、いくら国籍をとったからといっても、こころはロヒンギャです。あなたは外国人といわれたときには、わたしは日本国籍ですよ、といいたい。子どもたちには、あなたはロヒンギャで日本国籍といいきかせてます。ビルマ人としての自覚はまったくありません。家では、イスラムの名前でよびあってますし、ロヒンギャ語でしゃべってます。イスラムの文化をわすれてほしくありません。

留理華さんの自宅のまわりにかざられたバラの花にみとれていると、小学生の男の子が家の前をとおりすぎた。留理華さんは彼に「こんにちは、元気!」と声をかける。男の子ははにかみながら、「ウン」とこたえた。

ビルマでは、あいさつはありませんでした。日本では、みんなあいさつしてくれますし、わたしたちもそうしています。それで、人とよい関係をつくれます。

じつは今日、父からものすごくおこられました。「せっかくお客さん(山村のこと)がとおくからきているのだから、駅前の喫茶店では失礼だ、家にまねきなさい」といわれました。きびしい父です。

母も、生活のあらゆることにきびしい姿勢をつらぬいています。食事・服装・持ち物などに気をつかっています。――10年以上つかって、一部がはげ落ちている山村のカバンをさしながら――、このようなカバンは、母だったら、ぜったいもたせません。彼女は身なりで、人を判断します。バラは母のすきな花なので、家じゅうがバラでかざられています。

わたしの父はアラカン州の公立学校で高校教師をしてました。そんなとき、1988年に全国規模で民主化運動がおきました。父をふくめ、おおくのロヒンギャが民主化活動にくわわりましたが、ビルマ軍がやってきて、たくさんのロヒンギャの人をつかまえたり、ころしたりしました。その後、わたし達がくらす村になんども警官や軍人がきて、父をさがしにきました。

おなじ学校のロヒンギャの教員はほとんどつかまったので、父もずっと家にかえれず、知人や親戚の家を転々としながら、身をかくしてました。でも国内にいるのに限界があるとおもい、海外への逃亡を決意しました。母とわたし達おさない子どもをビルマにのこすのはずいぶん不安だった、とおもいます。

1991年父は日本にきました。1998年に在留特別許可をえましたが、そのあいだたいへんな苦労をしました。そんな父や母をわたしは尊敬してます。


——留理華さんは、子どもたちにどのような教育をしているのですか。


子ども3人をそだてています。日本人とおなじ教育をうけて、大学にすすんでほしい。おおくの親の気持ちとかわりありません。

日本はハラールの食事がすごくすくないです。子どもが、友達といっしょにハンバーガー屋さんにいくと、自分もいきたくなる。わたしが目にみえていないところで、子どもがハラールでない食事をしてしまうのが、一番心配です。子どもでも手軽にたべられるハラールのハンバーガー屋さんやラーメン屋さんがふえてほしい。

わたしが来日した2001年当時、ハラールの食品はありませんでした。ビルマでは、わたしや姉は小遣いで昼食やおやつをかい、ポテトチップスなどをたべてました。日本のスーパーマーケットにもおなじポテトチップスがあり、それをみつけて、うれしくなり、それをかいました。袋のうしろに日本語がかかれてあったので、辞書をひきながら、しらべてみると、ブタとあったのです。たいへんショックでした。

スーパーマーケットにいくと、子どもはこれをかってという。ダメというだけでは、子どもは納得しません。それなら、自分で原材料の表示をよんでから自分で判断して、と習慣づけるようにしています。

わたしが中学生のころ、給食がハラールじゃないので、お弁当をもっていきました。だした瞬間、今日の弁当はなんだろうと、友達が机のまわりにあつまってくるのです。はずかしくって、とてもたべる気がしなくなりました。いまの子どもたちが、みんなといっしょに給食をたべて、学校生活をたのしんでほしいです。

そこで教育委員会に相談にいったところ「おなじ給食だけれど、肉の料理だけお母さんたちがつくっていただくなら、わたしたちも協力します」と理解してくれました。ここまできたということは、もう一歩ふみだせば、イスラム教の子の給食もハラールでつくれるようになるんだ、とおもいます。

インタビューの数ヵ月後、ラマダーンのおわった日に留理華さんの自宅にふたたびまねかれた。子どもたちは、ひさしぶりのごちそうなのか、うれしそうに部屋をかけまわる。食事どきに長男（8歳）が、わたしのとなりの席にすわった。「大人になったら、なにになりたい？」と月並みな質問をしたところ、「日本の大統領！」とはずんだ声がかえってきた。母親ゆずりの元気な男の子だ。

たいへんけっこう。社会の少数派が大統領になった国は、いくらでもある。ぜひ〝日本の大統領〟をめざしなさい。なったあかつきには、平和で、平等で、差別や偏見のない日本社会をきずきたまえ。

ドルジさんのいとこがえがいた
マンダラ絵

2

親の文化をつたえたい

いかなるうつくしいものでも、
形あるものは、
すべてほろびる。

塩田ドルジ（渡留侍）

チベット・ネパール系日本人｜作業療法士｜39歳｜在日16年

砂マンダラって、しってますか？　修業をつんだチベットのお坊さん10人が、およそ9日間かけて、色ぞめした砂でえがきます。絵は、仏の浄土や宇宙をふくめた世界観をあらわします。逆境にたえて生きぬく、その人間のすがたをうつしだします。ダライ・ラマ法王は、その精神をささえる柱です。
砂マンダラをつくったあと、水にながし、無にします。「いかなるうつくしいものでも、形あるものは、すべてほろびる」という教えです。チベット文明と文化、そしてその精神を、わたしはひきつぎたい。

チベット文明をさいしょに紹介したのは、KJ法で有名な学者・川喜田二郎である。チベット文明は、人生哲学・チベット文字・僧俗両体制などをふくみ、森林や草地などの自然と調和した生活体系でもある。チベット仏教には、知の巨大思想と精神世界がつめられ、非暴力と平和哲学がつらぬかれている。
仏教はインドを発祥地とし、チベット、モンゴル、中国、朝鮮半島をへて、日本につたわった。20世紀のはじめ、腐敗している日本の仏教に幻滅した僧侶の河口慧海が、仏教の原点をもとめ、当時鎖国をしていたチベットに潜入したのはよくしられている。チベットで修行した僧は、ほかに多田等観などがいる。

ネパールのポカラ市ちかくの集落で、わたしは5人兄弟姉妹の長男としてうまれました。父と母はチベット出身です。その集落には、200～300人ぐらいが平屋の建物でくらし、ほとんどは農業と放牧で生活しています。畑に水をいれると、パイプがしょっちゅうつまり、水がとまってしまいます。作物がつくれなくなり、生活がたいへんです。料理はチベット食のツァンパ・ムギ・パウダー・バター茶・モモ・水ギョウザ・塩ラーメンなどがあります。

中国のチベット自治区では、チベット語から中国語にきりかわっている。しかも言論の自由はない。チベットの都ラサのポタラ宮殿には、僧侶がいなくなり、かわりに中国の公安がみはるようになった。チベット人は弾圧され、不自由な生活を強いられている。そして、チベットからインドやネパールへと、たくさんの人びとがのがれている。

インドとネパールでは、チベット人への対応がそれぞれことなる。インドでは、市民権に準じたパスポートにちかい書類があたえられる。ネパールでは、身分証明書をえるまでに、手間と時間がかかる。なお、国際機関や亡命政府の援助によって運営される集落が、ネパールに10ヶ所ある。

集落の小学校で6年間まなびました。中学校は、ポカラ市にある外国支援団体の運営する学校で、そこに3年間かよいました。高校はカトマンズ市の学校にしました。ほかの世界をみたかったからです。高校卒業後、語学に興味をもってたし、世界の人たちとつながるのがすきだったので、観光ガイドをしてました。日本人がよくきて、ヒマラヤの山々を案内してました。そのためでしょうか、しだいに日本という国に興味をいだくようになりました。日本語の勉強は、日本人旅行者からまなんだ独学です。もっと日本の言葉をまなびたい、その意志さえあればかならずいける、留学するなら日本、ときめました。埼玉県に知り合いのチベット人が何人かいたので、埼玉県坂戸市の城西大学をえらびました。

在学中に関東圏内の日本語弁論大会があり、「おもいやり」「ささえあい」「たすけあい」の三つを大事にしたい、とつたえました。

「失敗の可能性のない方法で物事をつくるということは、極端にいえば、なんら努力をせずにつくるということです。そして、そのようなものには、オリジナリティーがやどらないと思います」（「わたしの望ましいと考える人生」）

これが、そのときの一文で、最優秀賞にえらばれました。日本語の文字表記は、漢字・ひらがな・カタカナと三つあるので、たいへん苦労しました。

日本語をまなんでいるあいだ、医療や福祉関係にすすみたい、とおもうようになりました。日本は医療の最先端をいってますし、人のために役にたちたかったからです。

医療福祉の専門学校を希望したのですが、それがあまかった。学校側が、途上国からの留学生の学費や言葉を問題にしたのです。試験をうける前、「なぜ、はいるの？」「お金は、はらえるの？」と質問され、不合格となりました。試験はうかったのですが、「留学生は、うけいれられません」と入学を拒否する学校もありました。4校うけたのですが、すべて不合格でした。当時わたしが医療関係に進学するはじめての留学生で、専門学校は留学生に門をかたくとざしてました。

そんなとき、アルバイト先の病院が、福島県の郡山市の医療専門学校を紹介してくれました。郡山市の学校では「能力次第です」といわれ、試験をうけました。そこにやっと合格できました。

せっかく入学したのですが、不運にも交通事故にあってしまい、郡山市の病院で半年間も入院することになりました。さいしょの2ヶ月間は、のまず、くわずで、点滴治療だけでした。くるしかったけれど、いろいろな人のささえがあり、すこしずつ回復しました。入院して、日本の医療を実体験としてま

左から異父のお兄さん、ダライ・ラマ法王、長女をだくドルジさん（2010年。ドルジさん提供）

なべたのだ、とおもいました。そして、もっと勉強して患者のための医療従事者になろう、とこれまで以上に決意をかためました。

学校を卒業し、作業療法士の国家試験を勉強するあいま、郡山市の人びととの交流を積極的におこないました。外国人なのになぜ医療をめざしたのか、チベットやネパールはどんなところか、などをはなしました。

国家試験では、日本語のいいまわしに苦労しました。試験は不合格でした。質問の文章が理解しづらいのです。留学生はハンディをおっているので、試験時間を延長してほしかったです。東京リバーサイド病院で看護助手をしながら、国家試験に再度のぞみました。

そんなとき、ダライ・ラマ法王が来日し、お会いしました。「はじめの信念をつらぬくように」というお言葉をいただきました。困難に直面しているとき、はげましていただき、たいへん勇気づけられました。

1967年、ダライ・ラマ法王14世は初の海外視察に日本をえらんだ。日本にくらす次世代のチベット人たちに期待したのだろう。ドルジさんは、その後作業療法士の国家試験に合格した。

夢にまでみた合格です。言葉でいいあらわせないほど、うれしかった。

現在、葛飾リハビリテーション病院と高田馬場さくらクリニックでリハビリを担当してます。病院には、いろんな国の人がやってきます。わたしは、ネパール語・チベット語・英語・日本語などの多言語をつかいながら、外国人患者のリハビリ専門家としてはたらいてます。ただ、ビルマ語やベトナム語などはわかりません。その場合、医療通訳士がついてくれるので、たいへんたすかってます。

なぜ言葉を重視するかというと、こころの緊張をほぐすためです。言葉がわかって、はじめて治療効果があがります。治療していくうえで、日本語だけで対応すればよいという時代は、もうおわりました。日本人医療関係者もまた、その国の簡単な言葉をおぼえておかなければならないでしょう。

日本人であろうと、外国人であろうと、患者であることにかわりありません。どこの国かはまったく関係ありません。おもいやりの気持ちをもって、その国の言葉のあいさつからはじめて、まずはこころの扉をひらきます。そこから徐々にからだのことをききながら、こころとからだの両方をほぐしていきます。

日本人に「日本人ではないです」と自己紹介すると、「冗談いわないで」といわれます。それが話のきっかけとなり、ネパールやチベットの話をはじめます。山好きの患者さんだと、みんなよろこびます。話がはずみ、「痛みがあったけれど、いつのまにか痛みがなくなった」という人もいます。

因果応報という言葉があります。いいことをすれば、いつか自分にいいことがかえってくる。わるい

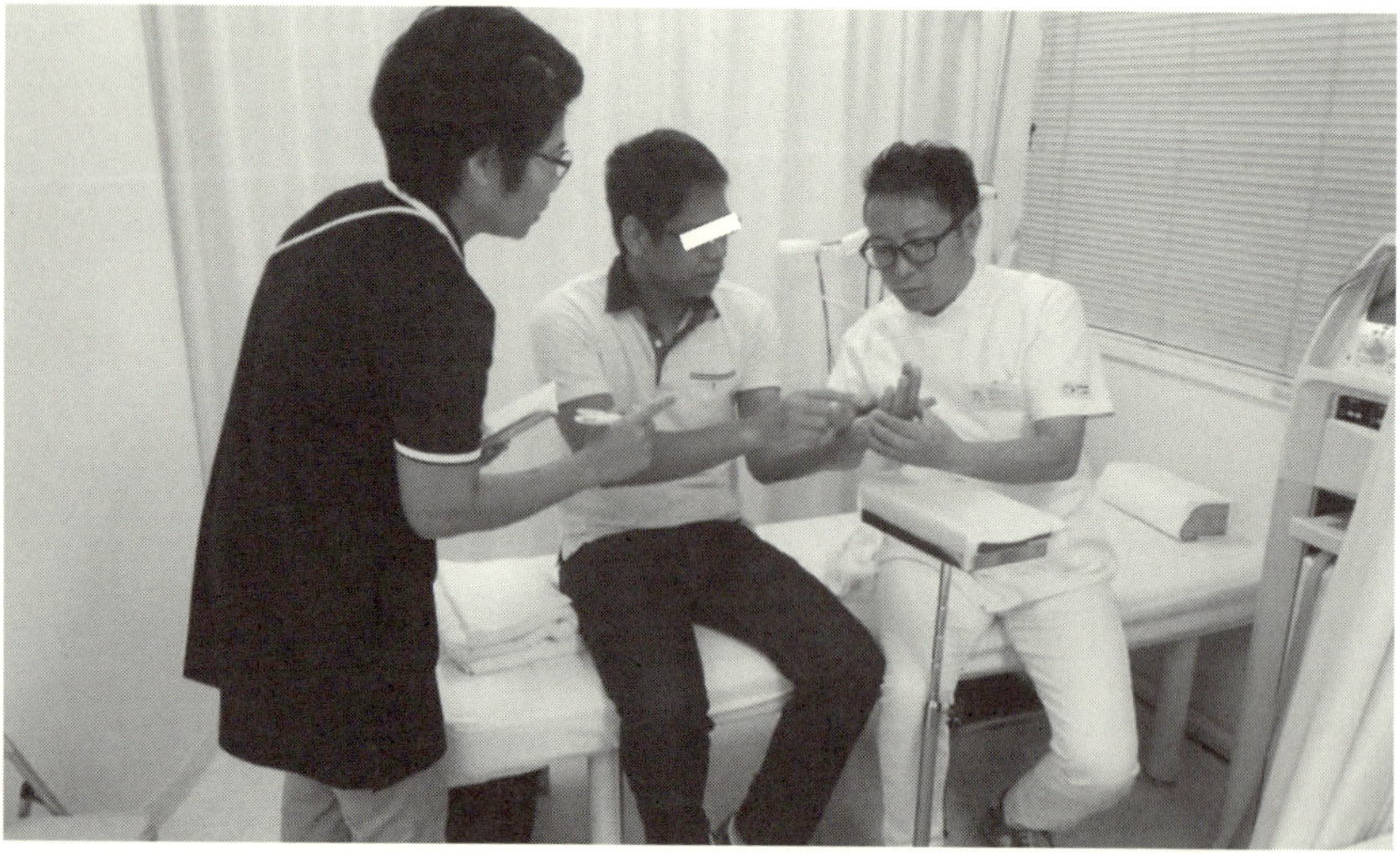

ドルジさん（右）、ビルマ人患者（中央）、マ・ウー・テンテンさん（ビルマ人医療通訳士）（高田馬場さくらクリニックにて。2017年。ドルジさん提供）

ことをすれば、わるいことがはねかえる。自分の行為と運命との関係をあらわしています。古代インド哲学のカルマがそれにちかい言葉です。

——日本国籍を取得したのは、なぜでしょうか。

国籍をとったのは、あくまで子どもの将来のためです。両親の反対はありませんでした。どの国籍にするかは、あくまで個人の自由で、その人がその地で生きてゆくための手段でしかないです。自由に海外へいけるようになったのが、国籍取得の利点といえるでしょう。

表面上は日本人です。しかし、わたしの芯はチベットにあります。国籍をとっても、わたしはむかしのままです。国籍とるのにたいへんではなかったけど、法務局の人がうたがいの目でみていたのがイヤなかんじでした。

本名はドルジ・ラーマです。帰化するとき、日本語の名前にしました。渡留侍です。ドルジは、カタカナでもよかったのですが、全部漢字にしました。最初は努力の努にしようとおもってました。姓名判断の占い師にきいたら、「努」にすると「明日死ぬわよ」とおどろかされました。死んではたまらないので、ドは、日本に渡ってきたので、渡にしました。そして日本に留まったので、留としました。ジは寺か侍か、どちらかにするかまよいましたが、侍のほうをえらびました。侍は、むかしからあこがれてました。

20世紀前半まで、チベット周辺の国境管理はきびしくありませんでした。チベットから岩塩をもって、インドまでいき、インドからはスパイスをもちかえってました。父はそれを商売にしてました。母もチベット出身で、ネパールで父と出あい、結婚しました。

わたしは、その父母からおおきな影響をうけてます。両親のうまれそだったチベット文化をひきつぎ、それをぜひつたえたい。チベット文化をきえないようにするには、まず言葉をたもつことです。

病院長におねがいして、病院のホームページにチベット語をかかげてます。チベット文字をみて、ブータン人が病院にきたことがあります。日本にチベット人は、そんなにおおくいません。わざわざ、かかなくてもいいのではないか、とおもわれます。でも、ひとつでもおおくのチベット文字をのこすことが、ふるさとチベットをまもることにつながります。

チベットは、もともと文字のない社会でした。お坊さんたちの上層階級が、サンスクリット文字をチベット文字にかえながら、チベットは文字社会へとうつりかわりました。あらゆる機会をつかって、先人たちがきずきあげたチベットの文字や文化をしらせたい。それが、わたしにできる唯一のことです。

チベット文明は、古代よりつちかわれてきたインド文明と中国文明のあいだによこたわる高原地帯の文明である。チベットはかつて鎖国していた時期があり、そとからの情報はとざされていた。それだけに、近代化や西洋化に毒されていなかった。

いま、すさまじい近代文明の荒波をうけている。はたしてチベットはこれをのりきれるだろうか。おそらく自身の文明の芯をたもちつつ、近代文明の制度と利器をつかいながら、チベット文明を後世へとつたえてゆくだろう。

コラム

身分証明書あれこれ

5

独占の医療産業

健康保険証がなければ自由診療

在留資格があれば、国民健康保険に加入する資格がある。在留資格がなければ、国民健康保険に加入する資格はない。在留資格のない人、つまり健康保険証のない人にたいして、医療機関は自由に医療費をきめられる。この自由診療では、健康保険証のある人にくらべ、医療費は3倍、ときに7倍以上もの高額となる。

むかしの日本でも、医者や医療機関が自由に医療費をきめていた。おなじ医療内容でも、費用のばらつきがあった。それが、国民皆保険となり、医療費が一定となり、国民はだれでも、安心して医療をうけられるようになった。

だが、それはものごとの一面にしかすぎない。人びとを統制するため、国家が医療介入したという側面がある。逆にいえば、統制する必要のない人、非正規移民や難民申請者などは自由診療の対象となってしまう。かつてのなごりが復活しているのである。

ただし、健康保険証をもっていても、健康保険対象外となると、これも自由診療となる。たとえば診断書発行では、医療機関によって費用がちがう。診断書（**図1**）をもらうため、患者は数千円から1万円をはらわなければならない。たった1枚の紙切れにしかすぎないのに、紙のうえに数行の文字をつらねるだけで、大金に化けてしまう。しかも、その価格は一定していない。モノを生産しているわけではないのに、かなりの利益がうみだされる。ずいぶんと不思議なことである。

独占的医療産業をささえる国家

じつは医療というのは、典型的な情報産業のひとつなのである。産業として可能ならしめているのは、医療行為や医療情報が医者によって独占され、そこに経済的価値が発生するからにほかならない。

薬は、医者の処方箋なしでは手にはいらない。CTなどの検査も、医者の指示なしではうごかせない。必要がなくても、薬をあたえ、検査をおこない、患者の薬づけと検査づけによって、経済的利益をうみだしてゆく。医療産業および関連産業が肥大化し、商いに長けた医者が、長者番付の一角をしめる。

医療情報が医者によってひとり占めされ、経済的価値のあるものとして売買できるのは、それを保障する制度が存在しているからである。国家が保健医療制度をつくり、医者に国家資格の免許をあたえている。独占的医療産業の仕組みは、国家のうしろだてがあってはじめて成立する。

医療産業が巨大化すると、ゆきつく先はどうなるだろうか。近代において、国家の後押しによって、工業産業が発展した。工業産業が巨大化する過程で、富める者と貧しい者との差が極端にひらいた。医療産業もまた、工業産業とおなじ現象をひきおこすだろう。

医療の脱資本主義化をめざして

最近の医療事情から、具体例をしめそう。国民皆保険のもと、医療費はひくくおさえられている。ところが、健康保険診療と自由診療の混合診療が解禁となれば、病院・医薬品会社・医療機器メーカーは、自由診療の分野に力をそそぐ。自由診療では、いくらでも医療費がつりあげられ、たくさんの利益がえられるからである。先端高度医療などは健康保険対象外なので、それだけ患者の医療費負担がます。

そこに生命保険会社がはいりこみ、「より安心な医療をおまかせ」と言葉たくみに勧誘させ、人びとのお金をすいとる。すると、高額な生命保険をはらえない人も、当然でてくる。経済的に余裕のある人しか先端高度医療の恩恵にあずかれなくなる。これからは、富める者だけの医療となるだろう。近代西洋医療というのは、資本主義社会の申し子なのである。

医療は、古代より人類がたくわえてきた膨大な知識と技術の体系である。それは、人類共有の財産である。特定の層だけに独占がゆるされてよいものだろうか。医療の脱資本主義化をめざし、おおくの人とともに医療の知識と技術を共有してゆかねばならない。

「人類共有の財産」の一部を保持するわたしは、在留資格のない移民・難民への無料医療相談をかかげ、資本主義のながれに、いささかの抵抗をこころみている。

（山村）

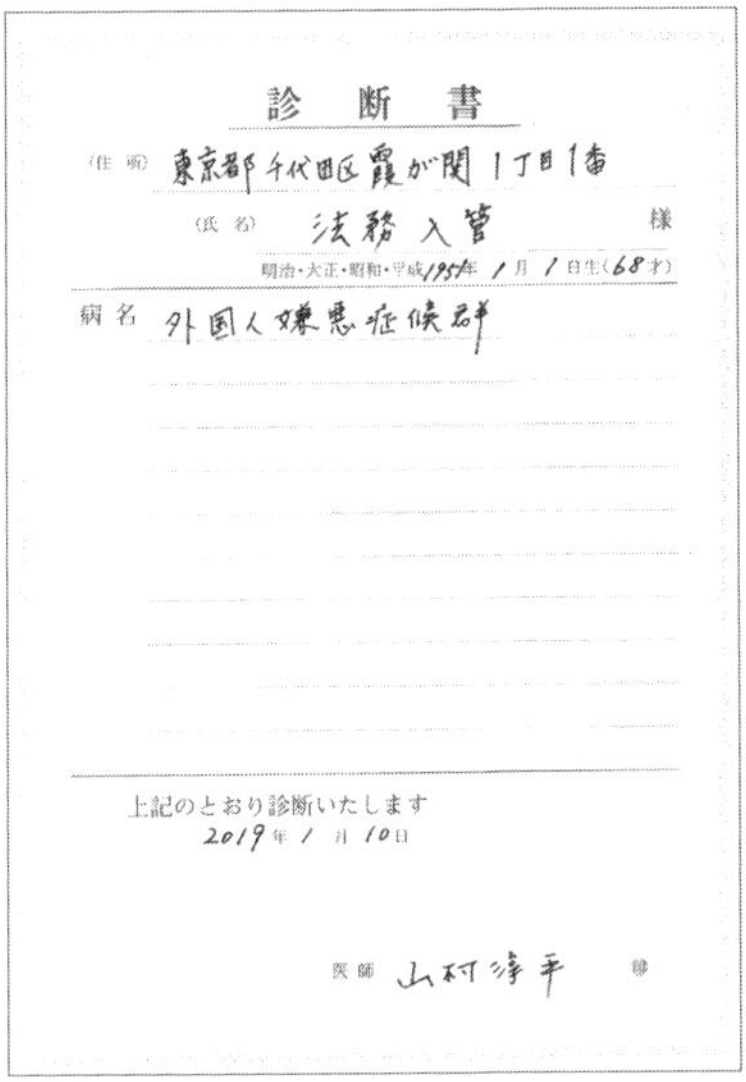
診断書

(住所) 東京都千代田区霞が関1丁目1番

(氏名) 法務入管 様

明治・大正・昭和・平成1951年 1月 1日生(68才)

病名 外国人嫌悪症候群

上記のとおり診断いたします

2019年 1月 10日

医師 山村淳平 印

図1　診断書

ミヤさんのえがいた絵画「国境のない大空をみあげる」

3

一世と二世のあいだ

なに国人としてカテゴリーにいれられ、枠にはめこまれます。でも、そこからはずれた人は、かならずでてきます。

ミヤ（仮名）

ビルマ―カチン民族―大学2年生―19歳―日本うまれ

両親は、ビルマのカチン民族出身である。二人ともビルマの大学に進学し、大学卒業後は仕事のかたわら、軍事政権への抗議活動をつづけていた。1990年代に難民として、日本にのがれてきた。日本で結婚し、長女ミヤさんを筆頭に4人の子どもにめぐまれた。両親は難民認定されなかったが、在留特別許可をえた。その後、在日カチン民族の団体を設立し、次世代の子どもたちにカチン文化をつたえ、カチン人の権利をまもるため精力的にうごいている。

親とは3歳までカチン語ではなしてましたが、姉妹同士では、日本語をしゃべってました。保育園にはいると、園児たちは字をならうことになりました。でも、わたしは「あいうえお」がぜんぜんおぼえられず、字がかけなかったので、友達にかいてもらいました。字のかわりに、絵をよくえがいてました。東京の江東区の小学校にはいると、40人クラスでした。わたしともうひとり中国からの男子が、普通授業以外の日本語クラブにいれさせられました。それまで日本語をはなしていたのに、どうしてべつの日本語授業をうけなければならないのか、うけいれてもらえないのかしら、となんとなく壁をかんじたことをおぼえてます。

小学校2年生のとき、勉強においつけなくて、先生の説明がよくわからず、よくおこられました。頭をたたかれたこともあります。小学校3年生になると、放課後に学童保育クラブで宿題の面倒をみてくれるようになり、日本語クラブにいくことはなくなりました。

子どものころから、絵をかくのが大好きでした。授業がつまらないので、いつも授業中は絵に熱中してました。ノートにえがいては、先生がくると消し、またえがいては消してました。そのくりかえしです。

親の引っ越しで、江東区から新宿区にうつりました。新宿は外国人がおおく、中学校では、40人クラスのうち中国・韓国・タイからの外国人がいました。中学のクラブ活動は美術部にはいりましたが、なんだかあわなくて途中でやめました。

子どものころから「カチン民族としての自覚をもつように」といわれてきました。それで、カチンの言葉をおぼえようと努力してます。でも、わたしがうまれそだったのは、ここ日本です。日本の文化になれているわたしが、みたことも、いったこともないビルマのカチンの言葉や文化をまもれといわれても、とまどってしまいます。それにカチン人の集会にいっても、わたしはカチン人とはみられてません。

小学生のとき、名前がカタカナだったので、わたしや妹がイジメにあいました。「本国にかえれ！」といった人もいます。

どこの国の人なのか、と日本人によくきかれます。「ミャンマー（ビルマ）」とこたえても、どこにあるのかだれもしりません。説明するにしても、おなじことをくりかえさなければならず、つかれます。たいていは、なに国人としてカテゴリーにいれられ、枠にはめこまれます。でも、そこからはずれた人は、かならずでてきます。カチンの社会でくらすのも、日本の社会でくらすのも、どちらもむつかしく、息がつまります。

子どものころから、自分の居場所はみつかりませんでした。わたしはいったいなにものなのか、そんなことをかんがえるようになりました。そんなとき、陳天璽さんの『無国籍』（新潮社、２００５年）という本にであいました。わたしとおなじ境遇の人がいたのかと、ふかい感銘をうけました。

――ミヤさんは前回の連続セミナーに参加しました。親のチベット文化をまもろうとする塩田ドルジさんの話をきいて、どうおもいましたか。

ドルジさんの話で印象的だったのは、子どもにチベット文化をつたえ、まなぶ機会をあたえるけど、最終的にえらぶのは子どもの意志にまかせる、とおっしゃったことです。ほんとうにいいなぁ、とおもいます。わたしも、そうしてほしい。なにがなんでもカチン文化をまもらなければならない、というプレッシャーをわたしはかんじます。わたしの父や母は、もちろん強制しません。ほかからいわれてではなく、カチンの文化をまもりたい、という意志がその人にわきおこってはじめて、文化がつぎの世代にひきつがれるのではないでしょうか。

自分の立場がこのように不安定だし、将来日本人とおなじように自由に職をえられるとはおもってませんでした。子どものころから、いつかは資格をとって、自立してはたらき、安心できるくらしをしたい。そんなことをかんがえてました。看護師となって活躍しているおばさんがいて、子どものころから看護師にあこがれてました。そしてお母さんのように、人のためにはたらきたかったです。

――母親ラインさん(仮名)も、わかいときにおなじ夢をもってました。親の意志をうけつぎ、おなじ道をあゆんでいるのですね。

わたしは東京都内の病院でうまれました。高校3年生のとき、そのおなじ病院で看護体験をしたのですが、日本人でないためか、病院のスタッフや患者から、すこし奇異にみられました。まわりの人となにかがちがったのか、うけいれられなかった気がしたのです。ここでも壁をかんじました。それで、高校卒業の進路先をどこにするのか、たいへんなやみました。とりあえず、大学をうけることにしました。

大学入試では、エッセイをかきました。その内容は、わが人生プランです。わたしは大学を卒業して、看護師となり、日本の病院につとめて、いろいろな国の患者のあいだにたち、看護をする。病院ではたらいたあと、世界をかけめぐる。その前に外国の言葉や文化や状況をしっておかなければならない。そのためには、国際的な知識を大学で身につけておきたい。そんなことをかきました。合格は無理かなとおもいましたが、なんとか無事とおりました。

大学にはいったいまも、看護師をあきらめたわけではありません。赤十字や国際機関や民間団体で、地に足をつけながらも、世界中の被災地域や難民キャンプなどをかけめぐりたい。いつか、両親の故郷ミャンマーやカチン地方をおとずれたい。そんな夢をすてていません。

ただ、そのためには、エッセイでかいたように、国際情勢を正確につかんでおかなければなりません。大学では興味ある講義がたくさんあって、たのしいです。こんなに勉強がおもしろいとは、おもってもみませんでした。

でも、勉強するにつれ、支援とかに、疑問をいだくようになりました。支援は、好意的にみられてます。でも、理想と現実はちがいます。物事には、いい面もあれば、わるい面もあります。絶対的なものはないです。ものごとを絶対視せず、相対化しながら、いろいろな面でかんがえてゆくことなんでしょうね。

それに、相手を理解しないままの支援に疑問をかんじます。支援する人たちは、かならずしも相手の必要に応じて支援しているわけではありません。相手を理解するためには、まずコミュニティにはいっていかなければならないし、国とか地域とかの状況を正確につかむことも大切ではないでしょうか。もっと勉強しなければ、とおもってます。

将来のことは、わかりません。選択肢がありすぎて、こまってます。看護師は、あきらめてはいないけれど、なりたい職のうちのひとつでしかなくなりました。

友人たちから、いいたいことをはっきりいう、芯がつよい、気くばりがあり、こまかいことに目がゆく、といわれてます。小学校や中学校でのイヤな思い出をわすれるくらい、大学の友人は自然にせっしてくれます。国際関係学部なので、外国人排除なんて、まちがってもおきないでしょうね。

連続セミナーをはじめたのは2007年からである。最初の演者は、ミヤさんの母親ラインさんであった。そのときの彼女の語りをまとめたのが『ビルマの竪琴とカチン人の語り』(『部落解放』591号、101―109ページ、2008年1月、解放出版)である。文章のさいごに、わたしはつぎのようにしるした。

20世紀の中ごろビルマの楽器に興味をいだいた小説家は、ビルマの戦死者の記事に意欲をおおいにかりたてられ、足をふみいれたこともないビルマの物語(『ビルマの竪琴』)を創作した。そこには日本人の悲哀があっても、ビルマの文化は視野になく、少数民族は人間としてあつかわれていない。なぜ日本の軍隊がとおいビルマまでやってきたのか、その点もまったくえがかれていない。一般のビルマ人は、戦争中の日本軍を侵略者としてとらえているのである。

現代に生きる21世紀の日本人は、ビルマの竪琴のかなでる音色《ねいろ》ではなく、カチン人の哀しく、しかし希望にみちた語りに耳をかたむけたとき、なにをおもうのだろうか。そして、なにをつくりあげるのだろうか。現在もつづいているビルマと日本の不幸な負の歴史に終止符をうち、ラインさんをはじめとし、次世代のビルマ人と日本人とのあたらしい正の関係をきずいていくことは、けっして不可能ではない。

そのきざしは、すでにあらわれている。カチン人コミュニティを支援している教会関係者やビルマ市民フォーラムがそれである。ビルマ人の夢は、はたしてかなえられるのだろうか。わたしたちは、それに少しずつかかわりはじめようとしている。

コラム

身分証明書あれこれ 6

在留カードにおける国籍欄のインチキ性

勝手に国籍名をつける日本政府

難民認定されたディプティさん(第1章「山の民からの声」)は、バングラデシュ出身ではあるけれど、バングラデシュ政府から国籍はあたえられていない。ところが、在留カードの国籍・地域欄をみると、バングラデシュと記載されている(**写真**)。

ロヒンギャも同様である。彼/彼女らは、もともとビルマの国籍はなく、無国籍としてあつかわれている。それにもかかわらず、日本政府は、本人および本国政府に確認せず、勝手にその国の国籍にしている。ずいぶんとおかしな話である。

ふえつづける無国籍者

無国籍者の統計をみると数はへってきている(資料　法務省・日本および世界における移民・難民にかんする統計　図21「日本の無国籍者」166ページ参照)。ところが実際には、無国籍として登録されない無国籍者がたくさんいる。いや、むしろふえつつある。

戦後では朝鮮籍、80年代以降はベトナム・カンボジア・ラオスからのインドシナ難民、90年以降はビルマやクルドなどの難民、そして朝鮮籍や難民の二世や三世、非正規移民の二世の一部である。彼/彼女らの総数は、さだかでない。朝鮮籍とパレスチナをのぞき、法務省・入管が出身国の国籍をつけているからである。また、他国に移動したり、本国にかえったりして、流動化しているからでもある。

概算になるが、朝鮮籍3万人台、90年代におけるベトナム・ラオス・カンボジア難民1万人台、ビルマやクルドなどの難民申請者数万人台、難民認定者700人台、パレスチ出身者60人台、そして彼/彼女らの子孫をふくめると、無国籍者はおよそ4~5万人台にのぼるのではないだろうか。

無国籍者の存在を無にする

本来であれば、無国籍者の正確な数字を入管は公表しなければならない。しかし、それはなされていない。どうしてなのだろうか。

無国籍者同士が結婚し、子どもがうまれれば、その子どもは日本国籍となる。法律上そうなっている。かつて日本にくらすパレスチナ人は、無国籍としてあつかわれていた。パレスチナ人同士が結婚し、子どもがうまれれば、日本国籍となっていた。ところが、現在パレスチナ人は無国籍ではなく、パレスチナという地域名があたえられ、彼／彼女らの子どももパレスチナ出身となる。朝鮮籍の親からうまれた子どももまた、やはり朝鮮籍である。日本国籍でもなく、無国籍でもない。日本政府は、あたかも無国籍者の存在をけしさり、日本国籍をとらせまい、としているかのようだ。これが、無国籍者をなくそうとしている理由なのだろう。

　このように、朝鮮半島出身者・難民・難民申請者はもとの地域や国の出身とされ、無国籍としてかぞえられていない。言葉たくみにあやつることで、入管は無国籍者の実態をみえなくさせている。

国家の仕事は、だますこと

　人口動態などの統計では、数字や表や図などがたくさんえがきだされる。客観化されているかの印象をあたえる。しかし、条件をかえれば、ことなった結果はいくらでもでてくる。人びとをある一定の方向へと誘導するには、情報操作をすればよい。統計の条件をかえれば、いともかんたんにできる。統計(statistics)の語源は、国家(state)からきている。国家は、あざむくのを基本とする。それで国家はなりたつのである。

　本書でしめした資料の図も、うたがってかかったほうがよい。なにしろ、入管統計をもとに作成した図なのだから。

（山村）

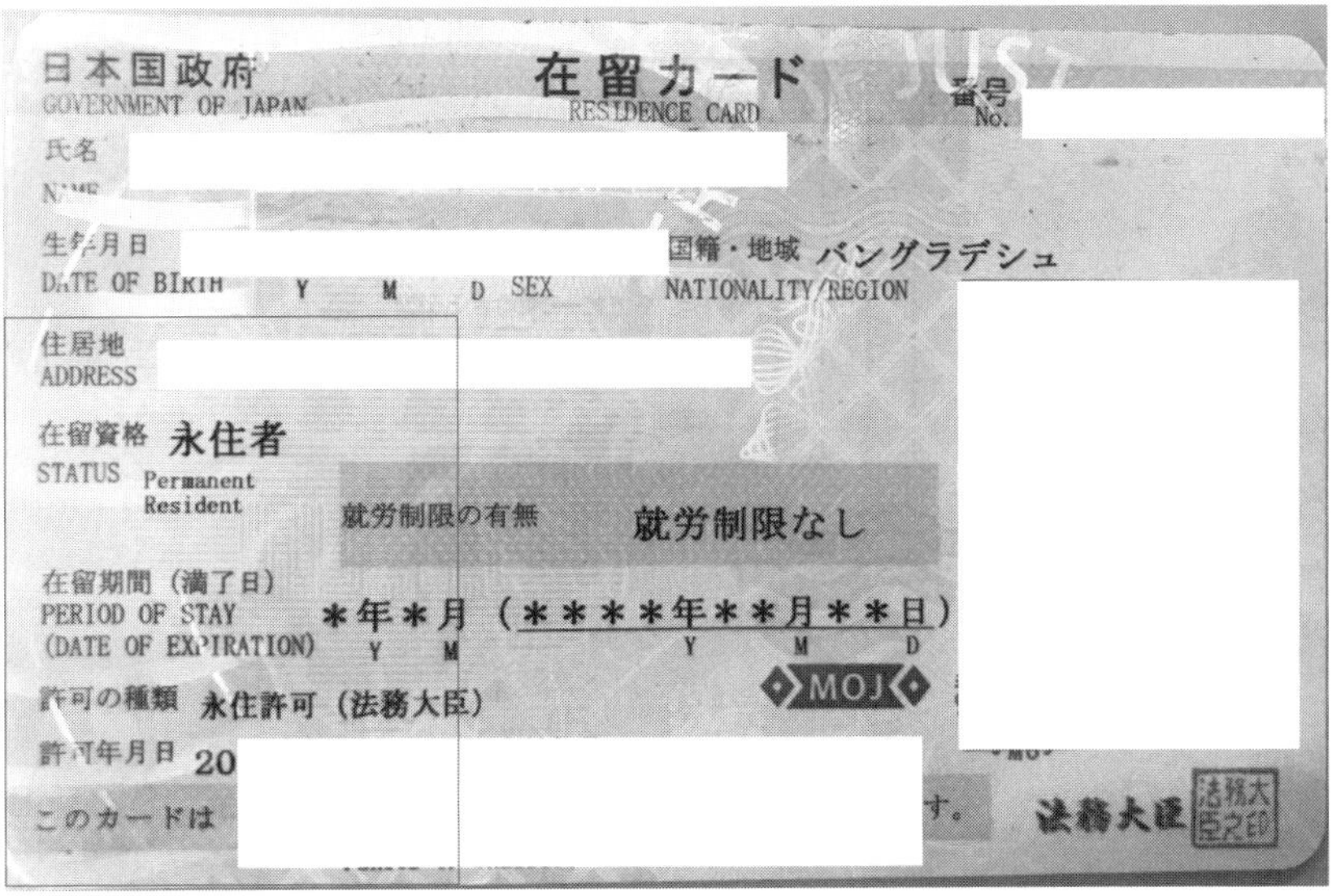

法務省入国管理局発行

第3章

インタビュー

陳天璽さんに聞く

（早稲田大学教授、無国籍ネットワーク代表）

解説

各回の連続セミナーでは、参加者に感想アンケート用紙をくばった。合計8回のセミナーで、116人に記入していただいた。職業別では、学生46人、会社員17人、教員15人、公務員3人、自営業7人、その他26人である。

男女比は1対1であり、10代から20代においては女性の比率が、50代から60代においては男性の比率がたかい（表1）。理解度と満足度では、ほとんどの参加者が内容を理解し、そして満足と回答している（表2）。

企画の中身や語手との打ち合わせなど、なんの制約もなく自由にわたしはすすめられた。ただ、無国籍ネットワークの励ましと協力なくして、連続で8回ものセミナーはとうていつづけられなかった。陳天璽さんのさそいがきっかけだったとしても、連続セミナーへと誘導した張本人はアンケート結果をみて、胸をなでおろした。

ところで、陳さんは、いくつかの著作をあらわしている。そのうち『パスポート学』（北海道大学出版会、2016年）という本がある。パスポートなどの身分証明書を解説した内容である。これをよんで、わたしはおもった。パスポート・難民旅行証明書・健康保険証・母子健康手帳などをあたえられない人をえがくことで、パスポートや国籍などの核心をつくことができ、しかも証明書をあたえられる本当の理由をもあきらかにできるのではないかと。それを文章化したのが、本書のコラム「身分証明書あれこれ」である。

陳さんにも連続セミナーの感想、そして無国籍や移民についてきいてみることにした。インタビューは、2018年9月中旬におこなわれた。

（山村）

表1　性別と年齢

	20歳以下	20歳代	30歳代	40歳代	50歳代	60歳代以上
女性	15	19	7	11	4	1
男性	7	11	5	3	11	17
不明	0	2	0	1	0	0

表2　理解度と満足度

	大変理解可	ほぼ理解可	ふつう	ややわかりづらい
大満足	51	17	1	1
ほぼ満足	14	25	2	0
ふつう	0	2	2	0
すこし不満	0	0	1	0

インタビュー

陳天璽さんに聞く

聞き手◆山村淳平

＊本文中の注の文責は山村です。

わたしは、わたし

国籍からの解放〜無国籍の思想

陳天璽
（CHEN Tien－Shi／ちん・てんじ）

早稲田大学国際教養学部教授。無国籍ネットワーク代表。
1971年、横浜中華街にうまれる。国際関係に翻弄され、生後間もなく無国籍となる。その経験から日々のなかで、国籍、国境、国家、アイデンティティとむきあう。2009年に、無国籍ネットワークを発起。筑波大学大学院国際政治経済学博士。ハーバード大学フェアバンクセンター研究員、日本学術振興会（東京大学）研究員、国立民族学博物館准教授を経て現職。詳しくは巻末プロフィール参照。

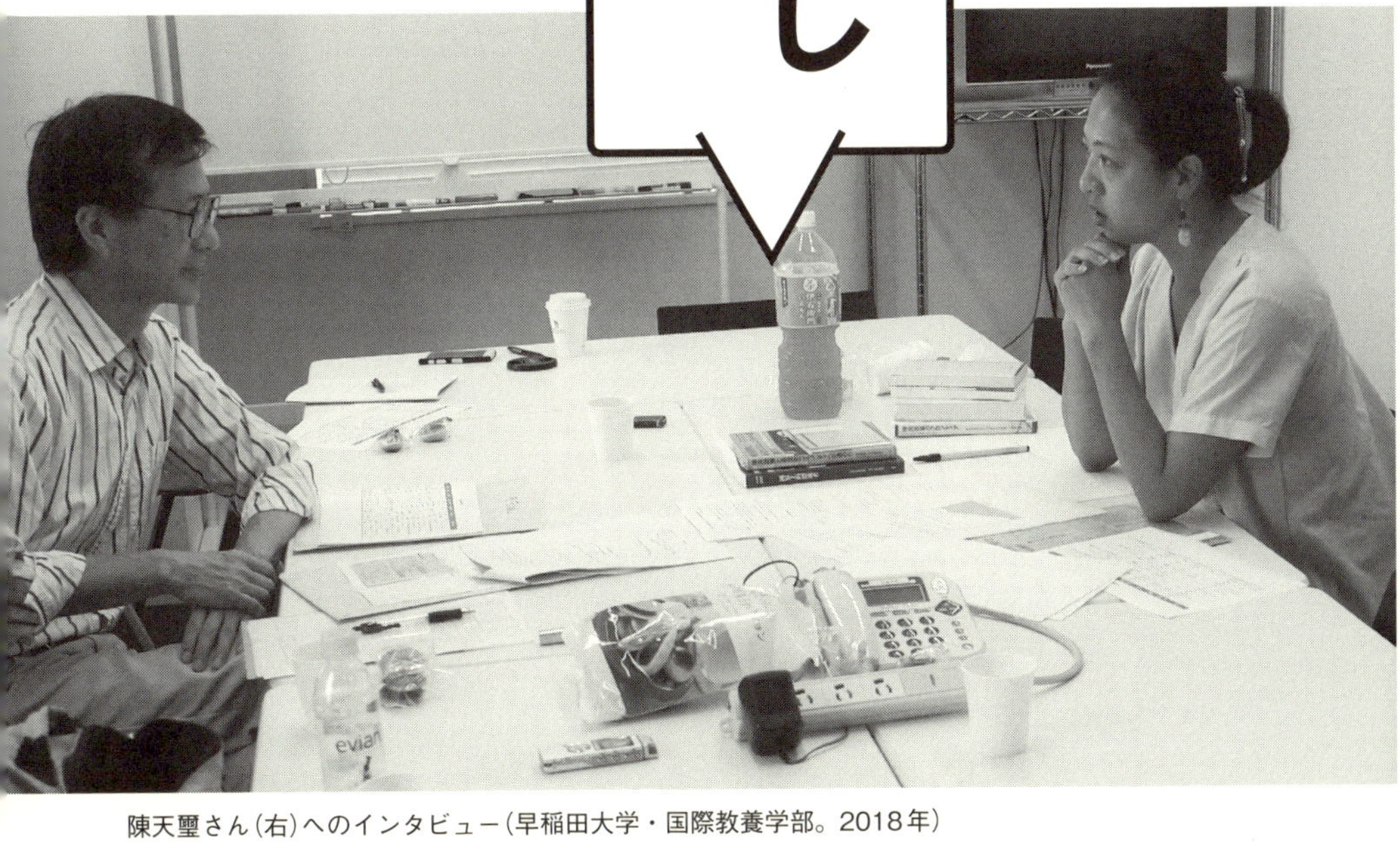

陳天璽さん（右）へのインタビュー（早稲田大学・国際教養学部。2018年）

はじめに

——連続セミナーをすすめるにあたり、無国籍ネットワークのみなさんにご協力いただきました。そこで、ここでは代表をつとめている陳天璽さんから、お話をうかがいます。早稲田大学の陳教授というよりも、横浜中華街にある華都飯店の看板娘ララさんといったほうが、わたしにはしっくりきます。ここでは、ララさんでとおしましょう。まず、これまで登場した人たちの語りをきいて、どんな感想をもたれましたか？

こんなにもたくさんの無国籍の人たちが日本にいることにあらためておどろきました。そして日本での生活になじんで、たくましく生きていることも、あらたな発見でした。それまでわたしは、日本はすみにくく、彼／彼女らはイヤなおもいをしている、とおもっていたからです。でも、彼／彼女らは、わたしがおもっていたよりも、日本にたいして好意的でした。それはきっと、「故郷」にいたときのほうがひどい立場においやられ、ひどい仕打ちをうけていたからかもしれません。だから、日本へやってきたのでしょう。お話から、「ここ、日本を第二の故郷にしたい。ここで子どもたちをそだてたい。ここに根づいていきたい」というあつい気持ちがかんじられました。

それだけに、日本側の移民を支援する制度や情報の不足を痛感しました。もっと彼／彼女らがすみやすくなるように、日本に定着していくうえでのサポートがあればいい、とおもいました。

無国籍とは

――ララさんは移民2世で、語り手の一部の人たちとおなじ無国籍でしたね。

はい。わたしの両親は、中国にルーツのある華僑です。わたしは、両親が台湾から日本に移住してからうまれました。両親は、中国でうまれそだちましたが、第二次大戦後、中国の内乱のなか共産党の支配からのがれるため、台湾へわたりました。その後、１９５４年、父は留学のため日本にわたってきました。

わたしたち家族は中華民国（台湾）籍でしたが、１９７２年に日本が中国（中華人民共和国）と国交をむすぶにあたり、台湾と断交しました。日本政府は台湾を国としてみとめなくなったので、中華民国籍の人は、中国籍にするのか日本籍に帰化するのか、それとも移住するのか、選択しなければならない状況になりました。当時、わたしの両親は中国籍や日本籍に変更するのには抵抗があり、無国籍をえらびました。それで、うまれて間もなかったわたしも無国籍になったのです。

――ルーツは台湾や中国であっても、その国の国民ではないわけですね。無国籍について、もうすこし説明してください。

無国籍は、国がなくなったり、国交が断絶したことによって発生するほか、国籍法や戸籍法など国々の制度のちがいが原因で発生することもあります。その結果、その人の国籍や戸籍、つまり身分を証明できない人たちのことをさします。さきほど日本との国交断絶によって日本にいた中華民国の人が無国籍と化した事例にふれましたが、かつての日本帝国臣民であった在日コリアンとその子孫のうち、朝鮮籍の人たちも無国籍状態です(注1)。

ほかにも、連続セミナーでお話いただいた、戦争や紛争のために外国へのがれた難民も事実上無国籍です。たとえば、ベトナム出身の人が、ベトナムの国民であることを証明してもらうには、大使館への届け出が必要です。しかし、難民として日本へにげてきた人たちが自分の居所をおしえたら、逆に迫害されるおそれがあります。ですから、届け出をだすことができないのです。また、日本でくらすことができても、帰化しないかぎり日本国民ではありません。ベトナムの国民でもなく、日本の国民でもない。無国籍とは、このように「国籍」という枠組みからこぼれた人たちのことです(注2)。

無国籍者と一口にいっても、在留資格のある人とない人がいます。在留資格のある人は、たとえば、わたしの家族や朝鮮籍の人たちがそうです。いっぽう、戦争や紛争からのがれてきた人たちの場合、難民認定されなければ、あるいは在留特別許可をえなければ、在留資格はありません。

在留資格があれば、社会保障制度を利用できますし、はたらくこともできます。しかし、在留資格がない人たちは社会保障制度を利用できませんし、就労は原則禁止されています。健康保険にはいれないので、医療費は高額になりますし、生活がくるしくなっても生活保護を利用できないなど、困難をしいられます。

注1　１９４７年５月２日、外国人登録令が施行された。その際、日本の植民地であった朝鮮や台湾の出身者は日本国籍をもっていたにもかかわらず、一転して外国人とみなされることになってしまった。いわゆる国籍はく奪である。その後、外国人登録の国籍等の欄には、それぞれの出身地である「朝鮮」、「台湾」という表記をもちいた。しかし、その子孫がかならずしも、朝鮮民主主義人民共和国、中華民国で戸籍登録され、国籍をあたえられているとはかぎらない。

１９４８年、朝鮮半島の南北分断により大韓民国および朝鮮民主主義人民共和国が成立した。１９６６年、日韓条約の「在日韓国人の法的地位協定」発効により、韓国籍をもつ者（戦前から引きつづき滞在している者、そして１９４５年８月16日から協定発効後５年以内にうまれた二世と三世）に永住権がみとめられた。その後、朝鮮籍から韓国籍への変更がふえた。

このように、朝鮮籍とは「朝鮮半島出身者」を意味するだけで、朝鮮民主主義人民共和国（北朝鮮）の国民をあらわすわけではない。実質的に無国籍である。また、朝鮮籍が北朝鮮支持、韓国籍が韓国支持というわけでもない。

注2　それぞれの国の国籍法のちがいにより、無国籍者がうまれることがある。日本は血統主義、アメリカ・カナダ・ブラジルなどは出生地主義である。

沖縄では、アメリカ軍基地の男性と日本人女性のあいだにうまれた子どもが無国籍となることがあった。日本人女性の子どもは、当時日本国籍があたえられなかったからである。１９８５年に国籍法が改正され、日本人女性の子どもでも国籍があたえられるようになった。それまで日本は「父系血統主義」、つまり日本人男性のみの血統主義をとりいれていたのである。差別的な法律は、入管難民認定法だけではなかった。

日本でうまれたブラジル人の子どもも、無国籍になった時期がある。ブラジルは出生地主義のため、海外でうまれた場合ブラジル国籍は自動的にあたえられない。国籍をとるため、いったん帰国して手続きをしなければならず、ブラジル国籍の両親から日本でうまれた子どもは無国籍状態となっていた。しかし、ブラジル政府は２０００年代に法律をかえ、日本でも国籍取得の手続きをできるようにした。

最近ではつぎのような例がおおくなってきた。父親が日本国籍、母親が外国籍で、両親が婚姻届をださないまま、うまれた子どもがいる。父親が子どもを認知しないかぎり、また母親が本国の大使館に出生届をださなければ、その子どもは無国籍状態となる。

どこにも入国できない無国籍者

在留資格があるとしても、さまざまな苦労があります。ひとつは国境をこえて移動するときです。無国籍の人が海外へいくとき、国籍がないためにパスポートが発行されません。日本に在留資格があれば、再入国許可書という法務省が発行する渡航書がパスポート代わりになります。しかし、海外に行く前に、事前に行き先国のビザをとらなければなりません。無国籍の場合、各国のビザを取得するのも一苦労です。ビザを発行してもらうためにも、銀行残高証明書、在職（在学）証明、健康診断書、旅行日程表、往復のチケットなどなど、さまざまな書類をそろえないと、ビザを発行してもらうことができません。旅行の期間よりも、ビザ取得のために書類を準備する期間の方がながくかかることが、あたりまえでした。

わたしが無国籍であることを身にしみてかんじたのは、21歳のときでした。両親とわたしでフィリピンへ旅行したとき、母の提案で台湾へたちよることになりました。わたしは台湾のパスポートをもっていたので、台湾へはいれるものだとおもっていましたが、ビザが必要だといわれたのです。そのときはビザをとっていなかったので、入国できませんでした。両親は台湾に戸籍があるので入国できました。でも、わたしは台湾に戸籍がなく、事前にビザを取得しなければ台湾に入国できず、「日本へかえれ」といわれました。それまで、わたしは台湾を自分の故郷だとおもっていたので、ショックでした。

そして、羽田空港へついたら、再入国ビザの期限がきれていて、日本にも入国できなかったのです。「もう日本にはいれないので、台湾へかえりなさい」といわれました。永住者として横浜にすんでいたのに、です。つまり、日本にも、台湾にも、入国を拒否されました。パニックになってしまい、「どうしようか」とおもっていたら、わたしたちが数日前に出国したことをおぼえていた審査官がいて、はなしかけてきたのです。「あれ、お父さんとお母さんは？」と。審査官2人は別室にはいって、いろいろしらべたのでしょう、しばらくしてから、「よかった、よかった」という声がきこえました。

再入国許可の期限がきれた人や申請できなかった人のために、空港でも再入国許可の申請ができるようになっています。実は数日前に私が両親と出国する際、出国審査官が、わたしの再入国許可の期限がすでにきれていることを確認せずに、出国させてしまっていたのです。審査官は再入国許可申請者の台帳をしらべたのでしょう。それをみたら、運のいいことに、わたしたちが出国してから誰も空港ではその手続きの申請をした人はいなかった。そこで、審査官たちは、わたしが実際に出国した3日前に申請をしたことにして、私を入国させれくれました。もし、わたしがうったえたりしたら、きっと彼らにもミスがあったということになるので、親切心と保身の両方あったのでしょう。ともあれ、空港で数時間立ち往生したとき、国境って本当にあるんだなーと、しみじみ身に染みてかんじました。

現在では特別永住者・永住者であれば、みなし再入国といって、再入国許可をとらずに出入国ができるようになりました（注3）。そのため、このような問題はへりましたが、わたしが学生だった1990年代は、永住者でも非常に不便でしたね。

注3　ただし、パスポートをもっていない朝鮮籍の人たちに、みなし再入国は適用されない。

――ほかに不便な点はありましたか？

日本では無国籍者の実状があまりしられていないので、身元保証が不確かだということで、あやしまれます。就職や結婚、家をかりるときなどに問題がおこりやすいです。

わたしの場合、大学生のときにアパートをかりる際、不動産屋さんがわたしの身分証明にある「国籍：無国籍」をみて怪訝《けげん》な顔をされました。家をかりるのに、保証人の銀行残高証明書を提出させられました。就職でも無国籍が理由で採用してもらえなかったことがあります。大学院をでてから、国連につとめようとニューヨークの国連本部まで面接にいきましたが、「中国語と英語と日本語ができるので、採用したいが」といわれましたが、結局、無国籍がネックになり就職できませんでした。国立民族学博物館へ就職するときも、「無国籍者の採用は前例がないので、文科省に問いあわせます」といわれました。結婚の際、外国籍の人は独身証明の提出がもとめられます。無国籍の場合、その書類を入手するのがむずかしく、当人同士は愛しあって結婚したくても、書類がそろわないので役所が婚姻届けをうけつけてくれないことがあります。

――無国籍者と在留資格のない人との関係について、わたしの方で整理してみました（表1、表2）。

表1　国籍および在留資格の有無の関係〜もとの出身地や法的な名称

		在留資格 有	在留資格 無
国籍	有		非正規移民
国籍	無	朝鮮籍 インドシナ難民 ビルマなどの難民認定者 （在留特別許可取得者をふくむ） 朝鮮籍や難民認定者などの二世、三世	非正規移民の一部 難民申請者 在留資格喪失後の人 （かつて在留資格を有していた難民で、罪をおかし、在留資格を取り消された） 非正規移民二世の一部 難民申請者の二世

表2　国籍および在留資格の有無の関係〜不利益の内容

		在留資格 有	在留資格 無
国籍	有		仕事不可 健康保険加入不可 教育の機会の不平等 強制収容 強制送還 無国籍者の強制送還先国なし
国籍	無	就職困難 結婚困難 パスポートがないため海外旅行先国のビザ取得が困難	（同上）

国家の枠をこえる二世

連続セミナーの感想にもどると、ロヒンギャ出身の長谷川留理華さんのお話をきいて、自分自身のことをおもいだしました。彼女は、みた目には肌の色や目鼻立ちなどがはっきりしているので、外国人とおもわれがちですが、実際は日本国籍で日本国民です。留理華さんは「自分が電車のなかですわっているとき、他の人たちが自分をみて話題にしている。なにをはなしているのか全部わかるのに、外国人だからわからないとおもって噂《ウワサ》されているのを聞いているのがつらい」とはなしていました。

留理華さんは12歳から日本でそだちました。いまでは、ロヒンギャやビルマのことばは、家のなかでしかはなしません。彼女は「日本国籍に帰化し、日本で子どもをそだて、今後はミャンマーよりも日本でくらしていくだろう。日本は自分の故郷」といっています。

日本には、留理華さんのような世代がどんどんうまれ、ふえています。日本はどのような対応をするのか、社会はこの人たちをどのようにうけいれるのだろうか。社会を構成するわたしたちはどうすればいいのか。それを真剣にかんがえていかなければならない、とおもっています。

――ララさんは日本でうまれ、そだちました。彼／彼女らと共通するところがあるわけですね。

はい。兄や姉たちは台湾うまれですが、わたしは日本でうまれているので、台湾も、中国も、不慣れな環境という感覚があります。完全にはとけこめません。言葉ができるので、コミュニケーションの不自由はありませんが、遠慮をしたり、ひかえめだったり、と自分は日本的なところがあるようにおもいます。

二世になると、「中国人」や「日本人」というひとつのアイデンティティだけでは生きていけません。家などうまれそだった環境、学校や友達との関係、そして社会での経験など、文化的にも、ことばの面でも、いろいろなものが、まじっているのが自然です。日本や台湾、中国というよりも「わたしは、わたし」

なのです。国という帽子をわたしにかぶせないでほしい、とおもいます。わたしは国という枠組みにはまらないし、はみでてしまうのです。きっと、留理華さんやわたしがかんじているおもいは、国際結婚からうまれたダブルの子どもたちとも共通するでしょう。もちろん、移民の子どもたちとも。

——全米オープンテニスで優勝された大坂なおみさんはアメリカでくらしていて、お父さんはハイチ人、お母さんは日本人で、日本国籍はあるけれど、外見は外国人です。いわゆる日本人らしくない日本人が世界制覇して、日本中がわきかえっています。彼女について、どうおもわれましたか？

彼女はおもしろいですよね。彼女について好意的な日本社会の反応も興味ぶかいです。外見がちがい、日本語がたどたどしくても、「日本人の快挙」とよろこばれています。このましい現象で、彼女とおなじようなダブルの子どもたちが日本社会でもっと自信をもってくらせればいい、とおもいます。とはいえ、「日本人だからすごい」という発想は、もうやめたほうがいいとおもいます。大坂なおみさんが、自分を日本人だとおもっているかは定かではありません。しかし、見た目や言語能力にこだわらず、日本社会が寛容になっているのはいいことです。ただし、成功者だけでなく、普通の人をも寛容にうけいれるような社会になれば、とおもいます。

——ところで、日本にすむ国際結婚の子どもたち、移民の子どもたちのおおくは、日本の学校へかよいます。

しかし、そこではルーツにつながる言葉や文化をまなぶ機会が非常にすくなくなっています。ララさんは民族学校と日本の学校の両方を経験されていますが、民族教育についてどうかんがえていますか？

小学校と中学校は横浜中華学院という台湾系の華僑学校にかよっていました。その結果、中国語や中国の伝統文化、歴史をまなびました。民族教育はとても大事だとかんじています。言葉ができないと、アイデンティティの確立がむずかしくなります。そうすると、自分に自信がもてなくなります。大坂なおみさんのように、言葉はあまりできなくても、「わたしは、わたし」といえる強みがあればいいけれど、たいていの人はそうではありませんよね。

家のなかで母語をしゃべるだけでは、なかなか上達しません。よんだり、かいたりするのは、むずかしいですね。

心配なのは、日本うまれで、母語や民族教育をうけずにそだつ子どもたちです。その子どもたちはみた目は外国人あつかいされます。しかし、日本でうまれそだち、日本の学校で教育をうけ、自分のルーツにつながる言葉や文化をしらずに成長し、見た目と中身のズレが生じてきます。あとあとアイデンティティの問題でなやむでしょう。そうした子どもたちが、母語や文化をまなぶ機会を保証することは、彼らが自己を確立し、自信をもつためにとても大事だとおもいます。

――高校に進学するとき日本の学校にしましたが、そのとき違和感がありましたか？

はい。かなりとまどいました。中華学院では、みんなちがうのがあたりまえでした。友人とは1対1でつきあう。この人とも、あの人とも、仲がいい。グループでつきあうことは稀でした。でも、日本の学校はちがいました。友人関係では、仲良しグループをつくるのがふつうです。高校三年間、基本的に仲良しグループとずっといて、それ以外の人たちとはあまりコミュニケーションをとりません。グループ外の人たちとコミュニケーションをとると「裏切者」みたいにみられることもあります。それが不思議でした。

日本の学校というと、先日わたしの子どもの同級生にかんすることで、ショッキングな出来事がありました。わたしの子どもも中華学院へかよっているのですが、仲のよかった同級生が中学への進学をきっかけに日本の学校へ転校したら、そこでいじめにあってしまったのです。

いまの中華学院の生徒たちのルーツは多様です。中華学院では授業は中国語でおこなわれるので、「中華学院にいれれば、中国語が身につく」と子どもをかよわせる日本人もいます。両親とも中国人の生徒はむしろマイノリティかもしれません。まさに「中国語版インターナショナルスクール」です。

いじめにあった子は、お父さんがアフリカ系、お母さんが日本人です。両親は中国語をまなぶため台湾にいき、そこでしりあい結婚しました。中国語がふたりの共通言語なので、子どもを中華学院へいれたのです。彼は、小学校は中華学院でまなび、中学は日本の公立へ転校することになりました。日本でうまれそだちましたが、外見から「日本人じゃない」とターゲットにされたのでしょう。いじめをうけた彼は不登校になりました。中華学院にかよっていたときの彼は、スポーツが得意でとてもあかるい少年だったので、不登校になるとはしんじられませんでした……。グローバル化した時代、こんな差別が、まだまだ身近にあるのは、残念でなりません。

世界をつなぐ虹

——アフリカ系の子どもへの差別があり、そのいっぽうでテニス選手の大坂なおみさんへの賞賛がみられます。試合で大坂なおみさんが、勝てば日本人となり、負ければハイチ人となるかもしれません。彼女のとりあげ方は、差別の裏がえしなのでしょう。

そうでしょうね。人間を国籍でわける発想は、すきじゃないです。だから、「日の丸を背負って」という発想は、にがてです。オリンピックで選手を応援するのも、その選手ががんばっている姿が素敵だからであって、ナニジンだからではありません。

「わたしは、なぜ日本でこんなにさわがれるのだろう?」と、大坂なおみさんは、自分が日の丸を背負っているとしったら、きっとおどろくでしょうね。

彼女はアメリカ国籍ももっているから、重国籍です。あと数年したら、日本かアメリカか、どちらかを選択せねばならないですよね。でも、彼女の場合、日本は「二重国籍をみとめる」っていいそうですよね。国のほうも、彼女のことは手放したくはないでしょうから。

私の父は移民一世で、非常に愛国心があり、「中国と台湾が統一されればいい」と自分の人生をかけて活動をしています。そんな父をみていると、「父は祖国のために一生懸命だけれど、国は移民した父のことをどこまで気にしてくれているのか」とおもうと、娘としては胸がつまります。

——わたし達はしらずしらずのうちに、国や国家というものを意識させられてきました。でも、それは人びとが世界中どこにでも移動する21世紀の時代にそぐわなくなっています。

国家としては国民をコントロールしたいのです。それは、海外にでるときにいつもおもいます。パスポートをチェックして、この人は入国させるけど、この人は入国させない。やっかいな人、役立たない人を排除する。

国をこえるパスポートチェックのところは、にがてですね。わたしはいろんなものをもってうまれてきたのに、なぜ国籍という帽子をかぶせられるのか？ わたしはいろいろな社会や文化、人々とつながっているのに……。精神的な不自由さ、心地わるさをかんじます。

移民は虹だとおもうのです。人それぞれ、虹のように、いろんな色をもって、うまれてきました。移民は、いろいろな国や文化とつながっています。でも、国は人を自国の色に染めようとします。虹である移民をうまく活用すれば、移民はうまれた国やそだった国の懸け橋になるはずです。移民はいろんな可能性を秘めているのです。それを一色に染めようとする。その結果、せっかくもっている可能性や個性をつぶしてしまうとおもうのです。実に、もったいないです。

——ところで、ララさんは現在日本国籍ですね。なぜ、国籍をとろうとおもったのですか？

２００３年に日本国籍をとりました。研究のために海外を行き来することがあり、無国籍では国境で身うごきがとれなくなり、支障をきたします。特に、無国籍の人たちに会うチャンスを逸したことがありました。それが原因で、抵抗はあったのですが、日本国籍をとることにしました。

そこで、これを機会に、国籍をとったら自分がかわるのかどうか、ためしてみようとおもいました。国籍をもつ人ともたない人では、どんなふうにちがうのか。全部記録をとり、ビデオにのこしました。

結果は、日本国籍をとっても、まわり人たちのわたしをみる目はかわりませんでした。国籍をとるとき、名前をかえなかったからです。名前をかえないと、しらない人はわたしのことを外国人だとおもいます。

わたし自身も、かわりませんでした。「わたしは、わたし」でした。日本国籍ですが、いまでも自分は日本人だとは、おもっていません。自分のなかには、虹みたいにいろんな色がすこしずつある。それが自然なんです。どこかひとつの国にすっぽりあてはまらない。その国の色だけで自分をあらわすことはできない。

たったひとつ、国境をこえるときの恐怖感はやわらぎました。パスポートコントロールは、かつて非常にこわいところでしたが、パスポートをもっているわたしをみる審査官の目はかわった、とおもいます。

マイノリティとともにつくる社会

――無国籍ネットワークでは、さまざまな活動をされていますね。

無国籍ネットワークを立ちあげたのは、無国籍者の存在をもっと社会にしらせたかったからです。日本では無国籍者についてほとんどしられていません。よって、差別や偏見がたえません。そして、もうひとつ重要な理由があります。わたしが無国籍でなやんだとき、相談できる人も場所もありませんでした。だから、無国籍ネットワークを立ちあげ、無国籍でこまっている人たちが相談できる窓口をつくろうとおもいました。今年２０１９年で、ちょうど、無国籍ネットワーク結成10周年になります。

相談内容はさまざまです。難民申請者もいれば、親の国籍が不明確な人、移民や難民の二世として日本でうまれそだったが、就職や結婚の手続きをしようとおもったときに壁にぶちあたり、はじめて自分が無国籍だとしり、どうしたらいいか、といった相談などです。

無国籍者にまつわる問題は、国籍が取得できれば解決かというと、そうともいえません。わたしたちとしては、国籍があってもいいし、国籍がなくてもかまいません。なによりもだいじなのは、人の尊厳です。無国籍ネットワークの団体名である「無国籍」には、国籍が無いという意味のほかに、国籍の意識を無にする、というべつの意味もふくまれています。国籍の有無よりも、その人がその人らしくいられることが大切です。

無国籍ネットワークをささえている運営委員や学生で結成されている無国籍ネットワークユースのメ

ンバーは、難民二世の子どもたちに勉強をおしえたり、無国籍者と個人的につながりをもつケースがふえています。学生には重国籍やダブル、そして外国にルーツをもつ子もおおく、彼／彼女らにとって移民や難民、無国籍の問題は他人事ではありません。彼／彼女らはこれからの社会をになう希望の星たちです。そうしたわかい層をとりこみながら、彼／彼女らのアイディアを活かし、いっしょにいろいろな活動を展開していきたいです。

――日本の外国人人口比率は2％ぐらいです。欧米は5％以上で、韓国は3％ちかくになっています。韓国の少子高齢化は日本以上で、移民をいれないと社会がなりたたなくなってきました。それが、世界の潮流なのでしょう。

日本政府は、外国人技能実習制度のように、移民を一時的で安価な労働力としてしかみていません。定住化させない方針がつらぬかれ、彼／彼女らの生活をどうするかをまったく念頭においていません。いずれにしても、今後移民・難民がふえるのは、まちがいありません。

先日、カタールへいきました。カタールでは人口の8割以上が移民で、自国民はたったの10数％です。カタール国籍の国民のほうがマイノリティです。カタールでは、移民がいなかったら、経済がまわりません。高齢化がすすみ、人口が減少している日本にとっても、他人事ではないでしょう。

ただ、移民・難民がふえることで心配なのは、ヘイトスピーチやヘイトクライムです。ヨーロッパではネオナチや右翼が台頭し、移民・難民を排斥する運動がおこっています。

先日、海外へいったとき飛行機のなかで、『女は二度決断する』（ファティ・アキン監督、ドイツ、201

7年)と題する映画をみました。移民・難民としてわたってきた外国人男性がドイツ人女性と結婚、一児をうみ、外国人むけのコンサルタント業をいとなみ、平凡にくらしていました。ある日、ネオナチの若者が店を爆破し、夫と子どもは死んでしまう。移民問題でゆれ、内向きになっているヨーロッパで法はどうさばくのか。そして、のこされたドイツ人女性の決断は……。実際にあった話をもとにつくられた映画で、いままさに私たちがかんがえるべき問題がつまっていました。

これから、おおくの移民がふえる日本はどうなっていくのでしょうか? テロとはいかないまでも、排外主義にそまる人たちがでてきてもおかしくありません。実際、インターネット上では、マイノリティにたいするひどい差別であふれています。ヘイトクライムやヘイトスピーチは、とっても身近な問題です。

わたしが恐怖をかんじるのは、社会が「国民」というかんがえを強要し、だれもがそれにとりこまれていくことです。あいまいな自分だからこその特殊性、自分のミックスされたアイデンティティを主張できない／させにくくする近年の排他的な風潮はとても残念です。一人ひとりの個性がもっと活かされるような社会にしなければならない、とおもいます。

それぞれが個性をもち、ちがうことは、ことなった能力を有しているということです。一人では限られたことしかできないが、ことなる能力をもった人があつまれば、もっといろいろな可能性がひろがる。青は青のままなら青で、黄は黄のままなら黄だが、青と黄がまざれば緑がうまれる。人間もおなじです。コミュニティがふたつあったとします。ひとつがマジョリティ、もうひとつがマイノリティ。マイノリティがマジョリティとくみあわさって、社会全体がおおきくなります。でも、マイノリティがマジョリティに染まってきえてゆくのではなくて、マイノリティの特徴が活かされ、社会に多様性がうまれ、ともにゆたかになることがだいじです。そうやって、あたらしい風やアイディアをとりこみながら、よりゆたかな社会をきずくことができればいい、とおもいます。

――たいへん参考になる話でした。いままでぼんやりしていたものが、無国籍というレンズをいれることで、はっきりみえるようになりました。

無国籍者の存在が国籍についてかんがえるきっかけをあたえ、そこから国籍を意識しないという無国籍の思想にまで発展すれば、世の中おもしろくなるでしょうね。無国籍ネットワークの活動が日本社会に、そして世界にひろがることを期待しています。どうもありがとうございました。

第4章

社会と歴史をうつしだす少数民族と移民

山村淳平

解説

連続セミナーでは、はじめて参加する人たちがほとんどである。語り手が、重要で示唆にとむ発言をしても、その国と日本の社会背景がわからないと、理解はふかまらない。しかも、話の内容は、ひとりひとりの事情と出身国の状況などが複雑にからみあい、いちどではのみこめない。ただしく理解するには、問題の表層のみならず、深層をもほりさげる必要がある。それらをふかくしることで、人やものごとの見方がかわってくる。

そこで、語り手のいわば人生の背景をしっていただくため、連続セミナーの前座として、わたしがその国の事情をかんたんに説明した。また、語り手の話をおぎなうかたちで、日本の移民・難民の状況をもくわえた。内容は、政治・経済・文化だけでなく、日本とその国の関係など多岐にわたっている。

とりわけ歴史を重視した。現在というのは、過去の出来事の蓄積でなりたっている。本書で登場する語り手は、市井の人であっても、20世紀の歴史のたしかな証言者である。彼／彼女らの経験から、本国でも、日本でも、類似の現象をつかめられ、ミクロの個人体験からマクロの社会全体へとみわたせられる。そこから、人間社会の一般法則がみちびけるだろう。それによって、21世紀の未来をもみとおせるかもしれない。

本章では、それぞれの語り手の事情と背景をひとまとめにし、大幅にかきくわえ「社会と歴史をうつしだす少数民族と移民」とした。

無国籍ネットワークとの協力以前には、キリスト教系団体や市民団体などとの協力のもと、定期的に連続セミナーをひらいていた。２００８年1月には、在日コリアン二世にかたっていただいた。それまでわたしは、本書で登場するようなアジアからやってきた移民・難民にせっしていたものの、ふるくから日本にくらす在日コリアンやその二世たちとの出会いは、ほとんどなかった。

在日コリアン二世などの話が刺激となり、移民の存在意義についてかんがえをめぐらせた。それを文章化したのが、「在日コリアンのたどった足跡」（『部落解放』６０５号、１０９―１１７ページ、２００８年11月、解放出版）である。「移民とはなにか」は、それをもとにしている。

（山村）

1　少数民族からみた国民国家

■アジアの20世紀

アジア大陸の地理をながめてみよう。ヒマラヤ山脈が中央に位置し、その周辺に山々がつらなる。その山を源泉とする小河が大河となり、大河が大海へとそそぐ。また、ヒマラヤ山脈の北には、大陸を縦横する大砂漠がひろがっている。森林がそだたない乾燥地帯である。

アジアでは、それら自然とともにおおくの人びとが農耕と遊牧生活をおくり、すみなれた土地を往来してきた。16世紀から巨大帝国あるいは王朝が形成されたものの、その境界線はあいまいであった。帝国内や王朝内の人びとは、平和的に共存していた。かりに争いがあったとしても、解決の方法を身につけていた。

それが、ある時期に一変した。19世紀に、西欧と日本によって植民地化されたのである。国の線引きが、このときからはじまる。20世紀前半では、各地域で独立の機運がたかまり、反植民地運動、そして武装闘争がおこった。そして20世紀中ごろから、国家としてつぎつぎに独立していった。

独立後、なにがおきたのだろうか。ある特定の多数民族による、少数民族への支配である。多様な民族がいるなかで、国家を運営するには、一民族一国家をおしすすめてゆかねばならない。ほとんどは、武力によって、それがなしとげられた。「植民地を脱して独立」というときこえはよいが、国家独立の名のもと、多数民族による少数民族の支配と抑圧がはじまったのである。

国家は同時に、国境線をひく。辺境の少数民族の人びとは——多数民族の人びとさえも——、本人のしらぬまにその国家の構成員、すなわち国民とされてしまった。以降、少数民族はすんでいた土地をうばわれ、多数民族が移住しにやってくる。いわゆる植民である。

　すると、少数民族は自分たちの自治権などを要求しはじめる。ところが国家によって自治権を拒否され、同時に迫害をうける。ここに、少数民族による独立運動および闘争がはじまる。それはちょうど、「植民地を脱して独立」してゆく国家形成のながれを、そのままふんでいる。だが、多勢に無勢、とても太刀うちできない。たいていは軍隊や警察の圧倒的な武力によって制圧されてしまう。国家の武力は、植民地独立闘争のなかでつちかわれ、なおかつ先進国のうしろだてもあり、巨大化していたのである。

　それでも国内での内戦はやむことがない。迫害される少数民族の一部は国境をこえ、難民および無国籍者となる。19世紀以降の経過をみると、一民族一国家という制度が難民や無国籍者をうみだしてきた、といえよう。第1章でかたった人たち、そして第2章の二世たちの親は、ま

表1　アジア近現代史のながれ

	～19世紀	20世紀	1918年 第1次世界大戦終結	1945年 第2次世界大戦終結	東西冷戦期		1991年 冷戦終結	21世紀 人の移動加速
中国	清帝国	中華民国	半植民地化	国共内戦	中華人民共和国成立（1949年）	チベット民族への迫害		
東南アジア	ビルマ王朝	イギリス植民地		反日反英独立戦争	ビルマ独立（1948年）	ロヒンギャやカチンなどの少数民族への迫害		
	ベトナム王朝	フランス植民地		反仏独立戦争	南北対立ベトナム戦争	南北ベトナム統一（1975年）ベトナム難民流出		
インド	ムガール帝国	イギリス植民地		反英独立戦争	インドとパキスタン分離独立（1947年）	バングラデシュ独立（1971年）ジュマ民族への迫害		
					スリランカ独立（1948年）	スリランカ内戦タミル民族への迫害		スリランカ内戦終結（2009年）
トルコ	オスマン帝国		トルコ共和国成立（1923年）		クルド民族への迫害	反政府武装組織との内戦		

さにそれを体現している。彼／彼女らの出身地域の出来事について、ごくかんたんに歴史のながれとしてあらわす（**表1**）。

■ 戦争によってつよまる国民意識

多数民族が少数民族を同化しつつ、ひとつの国民とする国民国家をおしすすめたのは、アジア大陸だけとはかぎらない。ユーラシア大陸の東西の島国でもおきていた。日本では、アイヌ民族や琉球民族にたいする支配である。イギリスは、アイルランドやスコットランドなどへの侵略である。戦後のアジアの独立国家は、西欧や日本による国づくりをお手本とし、近代化をすすめていったのである。

それでは、かつて宗主国、いま先進国といわれている国々は、どのようにして国民国家をつくりあげていったのだろうか。

アジアが植民地化されているあいだ、そして国家独立後も、おおきな出来事があった。宗主国同士による、あるいは大国同士による、三度の世界大戦である。戦争が、国家形成と国民意識におおきく影響した。

国民国家形成初期のころ、日欧米はもともとがっちりとした組織があったわけではない。そこで、官僚・政治家・財界人・マスメディア人・学者などの統治の集合体は、国民および民族などの概念をもちいはじめた。資本主義や共産主義などのイデオロギーも、国家をかたちづくるうえで利用された。旧ソ連と中国は王朝の代替えに共産主義をかかげ、国家の統一と近代化をおしすすめていったのである。そのいっぽう、日欧米は「自由主義」――その実は資本主義――を標榜し、反共という旗印をたてながら、国民を統制するようになる。

さらに国家同士が、あえて敵をつくりだし、敵のイメージを味方にうえつけ、そしてお金と福祉の恩恵をあたえながら、人びとを自陣営にひきこもうとした。自民族中心主義の固定化と並行して、異民族・共産主義への反感をうながしてゆく。こうして、つくられた対立は拡大し、戦争へと発展していった。

争いは官僚組織や軍隊の力をつよめ、国民の統合をおしすすめる原動力となる。戦争がひとたびおこれば、メディアをとおして総動員体制がはかられ、国民としての自覚がうえつけられ、自民族意識がいっそうたかめられた。

戦争を勝利にみちびくため、統率者たる英雄も不可欠である。第2次世界大戦においては、ヒトラー・ルーズベルト・チャーチル・ドゴール・スターリン・毛沢東・ヒロヒトなどである。人びとをあおりたてるのに、もってこいの人物であった。最後のひとりをのぞき、パフォーマンスのうまい役者ぞろいである。

戦後のアジア各国独立の際には、ホーチミン・アウンサン・ガンジー・アラファト・オジャランなどの独立闘士があらわれた。彼らもまた、人目をひく衣装をまといながら、アジテーションをおこなう演技派男優である。20世紀の国民国家は、国民および民族を統合するうえで、英雄をつくりだしていった。

20世紀は戦争の世紀といわれている。この時期、国民国家は急成長をとげた。べつの見方をすれば、20世紀は国民国家の世紀ともいえる。

■国家威信にかけて

戦争のほか、統治の集合体は国民国家制度をあとおしする舞台をもうけた。

20世紀において病原体の制圧は最重要課題であり、細菌学や免疫学が発展していった。病原体の発見は、国家威信をかけた競争でもある。病原体をみつけることで、医者は先をあらそった。名誉をもとめ、先を制した者が勝利し、国家の歴史に名をのこす。たいした医学的功績をのこさなかったにもかかわらず、日本の千円札の肖像画に採用されている人物は、そのひとりである。まぼろしの功績をたたえつつ、彼は英雄あつかいされている。

医学的発見だけではない。あたらしい発見と名誉をめぐり、国家を背景にした、し烈な戦いがくりひろげられてきた。地理的探検・極地到達・最高峰征服などは、国家どうしのはげしい競争の場であった。

現在でも科学の発見は、国家名誉の尾をひいている。エイズウイルス発見もまた、アメリカ合州国とフランスの学者の先陣争いであった。オリンピックやサッカーなどのスポーツ、そしてノーベル賞や映画祭などの世界的なショーもまた、国民と国家の名誉をくすぐる舞台として機能している。

大国によるあからさまな植民地主義は消滅した。それでも、国家への忠誠心や国民意識は温存され、国家同士の競争意識が根づよくのこり、ところどころにその本性をあらわす。ヒーローやヒロインを創作し、ありもしない敵をつくりだし、国家の統制をつよめる。それらをくりかえし、くりかえしおこなう。

もうひとつわすれてならないことがある。異民族排斥である。ドイツのユダヤ人、日本の朝鮮人、アメリカ合州国の黒人、各国の少数民族など、相手がなにかをやったわけではない。潜在的な差別をあおりたてれば、同調者がかならずあらわれる。うわさをながせば、それにのっかり相手をおそう。その心理を利用し、一般の人びとをあおりたて、つぎつぎと政治的にまきこませ、国家の統一性をはかってゆく。マスメディアをたくみに利用しながら扇動するのが、国家の統治集合体のおおきな仕事である。

最近では、衰退した社会主義や共産主義などのイデオロギーにかわり、イスラム教などの宗教が利用され、対立をあおる道具となっている。

■民族問題のあつかい

国民国家の成立以降、国家内の民族紛争ははげしさをまし、国家内の分裂はさけられそうにない。それらが、さらに人びとの移動をおしすすめる。人びとは国境をまたごうとするが、うけいれ側の国家は移民・難民を制限しようとする。

こうして、国家はふたつの民族問題に直面する。その国自身がもともとかかえていた国内の各少数民族問題、そしてあらたにやってくる移民・難民などの異民族問題である。民族問題のあつかいは、21世紀のおおきな課題である。

国家は、それにたいしてどのような対応をするのだろうか。

ひとつ目の国内の各少数民族にかんしては、自治権の拡大あるいは独立へとすすみつつある。その際、ほとんどは内戦などのおおきな代償をともなう。旧ユーゴスラビアが、その代表である。ただ、イギリスのスコットランドやスペインのカタルーニャのように、投票で国民の意向を問うこともある。チェコスロバキアや旧ソ連などはすでに分解し、一民族一国家をつくっている。それが解決の道かどうかは、わからない。その国の少数民族やロマなどが、存在しているからである。

先住民族にかんしては、世界各地の先住民族によるはたらきかけがあり、国連は「先住民族の権利に関する国連宣言」を採択した。実効性にとぼしいものの、21世紀になってようやく権利擁護の意識がめばえはじめた。

ふたつ目の移民・難民などの異民族問題はどうなのだろうか。

先進国は、中進国でさえも、異民族間のいざこざを当然と認識したうえで、柔軟に対応している。移民・難民のうけいれ態勢をととのえ、医療や教育の保障を充実させている。法的な面においても、たくさんの難民を認定し、非正規移民の正規化によって在留資格をあたえている。子どもの無国籍化をさけるため、出生地主義を採用し、国籍をかんたんにとれる方向へとすすめている。

それは、底辺をささえる労働力が不足すれば、経済成長がのぞめず、文明社会を維持できないという思惑がひそむ。移民・難民のうけいれ背景には、冷徹な資本主義の原理が作用しているのである。

■日本国民って、だれ？

それでは、足元の日本をながめてみよう。

明治政府は、だれが日本国民なのかをさだめるため、まず戸籍をつくった。近代の国民国家への第一歩をふみだしたのである。戸籍の対象は、当時日本に居住していた人であり、そのなかには朝鮮半島や中国大陸からわたってきた人びととその子孫もふくまれていた。その後血統主義をとりいれ、国籍法を成立させた。こうして19世紀末に日本国民が誕生した。ただし、当時の日本人が「わたしは日本国民」と自覚していたかどうかは、疑問である。

おなじころ明治政府は、北においては、アイヌ民族の蝦夷地を北海道とあらため、日本国家に編入し、南においては、「琉球処分」によって琉球民族の島々を沖縄県とした。植民地拡大のはじまりである。ひきつづき台湾や朝鮮半島を植民地化し、そこにくらす住民の意向を無視したまま、彼／彼女らを「日本帝国臣民」とした。さらにアジア大陸および太平洋の島々を侵略していった。統治のためおこなわれたのは、力による支配と日本文化の強制である。侵略と植民地支配と戦争によって、「日本国民」という意識が熟成され、人びとのあいだでひろがっていった。

１９４５年、日本は戦争に完敗し、領土は大幅に縮小した。北海道はかろうじてのこされたものの、沖縄は１９７２年に返還されるまでアメリカ合州国による統治下におかれた。

さて、日本の少数民族はどうなったのだろうか。

戦後、アイヌ民族の独立をとなえた人もいたが、その声はあまりにもよわかった。人口数が圧倒的にたりなかったのである。21世紀になってようやく、日本政府は「アイヌ民族は先住民族である」と宣言した。ただ、それだけである。権利擁護まではいたっていない。

沖縄では、いまでも「琉球処分」がつづいている。アメリカ軍駐留負担である。それによって、基地反対運動が活発化している。この運動は、民族独立のきざしとしてみてとれるだろう。沖縄は日本の中央からとおくはなれ、海にかこまれた地の利もある。人口もおおい。基地の存在が、琉球独立志向をうながしている。

それでは、日本にくらしていた台湾や朝鮮半島出身の「日本帝国臣民」の運命はどうなったのだろうか。それまで日本国民であったのが、突如として日本国民でなくなってしまった。戦後の朝鮮人や台湾人の国籍はく奪である。それは日本からの追放を意味し、現実におきた。1959年から1984年にかけて北朝鮮への〝帰国事業〟がおこなわれたのだが、それは実質的な朝鮮人の追い出し〝事業〟だったのである。

国家の判断によって、国籍というのは自由にきめられるようだ。ビルマのロヒンギャも、1982年の国籍法によって、不法移民としてあつかわれ、無国籍とされ、排除の対象となっている。スリランカのタミル人も、1948年の法律によって国籍がはく奪された。ある時期には自国民とされ、べつの時期には外国人とされてしまう。国籍というのは、じつに流動的である。

■ 異民族との不慣れなつきあい

戦後あらたにやってきた移民・難民に、日本はどのような対応をしてきたのだろうか。さきにのべた朝鮮人や台湾人の国籍はく奪と同様に、排除である。

１９４０年代後半から50年代にかけて済州島事件や朝鮮戦争などがおこった。朝鮮半島での社会的混乱によってのがれてきた朝鮮人――現在の視点からみれば難民に相当する――がたくさんいた。ところが、彼／彼女らは〝密航者〟として追放の憂き目にあった。１９５０年に追放の装置として長崎県大村市に外国人収容所がつくられ、追放を正当化するため、１９５１年に入管令がだされた。

日本は１９８１年に難民条約を批准した。ところが、今日にいたるまで、難民をおいだしている。難民認定率のひくさが、それを物語っている。

１９８０年代から90年代にかけてのインドシナからの定住難民は、うけいれ態勢不備による完全な失敗策であった。インドシナ難民は日本でくらしていくうえで、困難をきわめた。犠牲となったインドシナ難民の一部は、日本をはなれざるをえなかった。この場合は、間接的な追放とみてよい。

１９９０年代の好景気のころ、非正規移民は安手の労働力としてつかわれたものの、不景気になると、一転しておいだされた。非正規移民のかわりにいれたのが、日系南米人である。ところが２００８年の世界的経済不況をうけ、〝帰国事業〟がふたたびはじまった。このときの〝帰国事業〟は職をうしなった日系南米人に帰国費用を支給する制度で、再入国できない形をとっていた。実質的な追放策だったのである。

労働力確保の一環とされる技能実習生制度は、おもてむきうけいれているかにみえる。ところが、それは期間限定つきの労働力輸出入であり、一定期間後においだされる制度である。定住化させない方針は、ここでもつらぬかれている。

かりに外国から人をうけいれるのであれば、日本政府が責任をもち、言語・就職・医療・教育などの生活支援をととのえていかなければならない。そのためにも、移民法や移民庁などの行政機関をつくっていかなければならない。ところが現実には、法務省外局の出入国在留管理庁ができてしまった。出入国と在留を管理するだけの行政機関で、生活支援はまったく念頭におかれていない。なぜなら、定住化阻止の方針だからである。

日本は、海がそのまま国境線となっている。海にかこまれた地理的条件がそなわり、それが江戸時代の鎖国を可能ならしめたように、現在でも日本民族だけに限定する力がつよくはたらく。単一民族思考はしかし、国内外の民族問題をみえなくさせ、急速にすすみつつある世界一体化(グローバル化)にたいして、おおはばな意識と対応のおくれをとることになる。

日本は過去にアジア大陸および太平洋の島々へひろく侵略したさい、異民族にせっした経験をもっている。そのとき、異民族を理解する機会があった。だが、おこなったのは、日本文化の徹底的な強制である。異民族とのじつに不幸な出会いであった。

歴史的にみて、ながいあいだ異民族とのつきあいになれてない状態である。今後、国内外の異民族にどのように対応してゆけばよいのだろうか。それについては、本章のさいごにのべることにしよう。

■国籍の無意識化

国民国家を形成するときにあらわれたのは、国家や政府にしばられず自由にいきようとする無政府主義者だった。反政府主義としてとらえられ、彼/彼女らは弾圧の憂き目にあった。いまでは、無政府主義をとなえる人はほとんどいない。政府は安心した。しかし、それはつかのまの安堵であった。無国籍主義者が、出現するようになったのである。

将来において国家はなくならないとしても、人びとが国籍あるいは国家をそれほど意識しなくなっているようだ。いわば国籍の無意識化である。

植民地獲得のための宗主国同士あるいは大国同士の対外戦争がなくなったことがおおきいのだろう。いやがうえでも国家意識をふきこまれる徴兵制もなくなった。人びとを熱狂させる英雄もみられなくなった。さらに、国家の内外で人びとの流れがはげしくなり、だれがその国の民と規定するかが、むつかしくなりつつある。しかも移動してきた人びととまじわれば、おたがいに影響しあう。日系アメリカ人、日系ブラジル人と表現されるように、ロヒンギャ系日本人、チベット・ネパール系日本人もあらわれてきた。自明であるとおもわれた国籍の意識がうすらぎ、いまや無国籍化されてゆく。

19世紀から20世紀にかけて、国民国家は発展途上で、順調にことがすすんだ。おそらく20世紀後半がピークだったのだろう。21世紀になると、国民国家という制度はくだり坂となる。20世紀のような強力な国家意識は、よわまりつつある。国民国家は、もはや過去の遺物として、ほうむりさられようとしている。

そこで登場してきたのが、国民意識をたかめようとする反動である。統治の集合体は、国民国家制度の衰退に危機感をもった。まさか前世紀のように、先進国や大国同士が戦争をおこすわけにはいかない。自国の破滅をみちびきかねないからである。かわりに、途上国に代理戦争をさせた。

並行して、つかいふるされた手法をもちいながら、国民統制をつよめてゆく。存在しない敵の創作・英雄伝説・オリンピックのメダル争い・ノーベル賞獲得など、自国の優位性を強調しながら、国民としての自覚をよびさます。イギリス単独のEU離脱も、「アメリカ、ファースト」というアメリカ合州国のさけび声も、それに呼応している。奇策や奇異をてらう人物を祭りあげ、それを国家の求心力とする。

移民・難民の排斥もまた、反動のあらわれである。異民族の排除や追放をとなえることで、自国民の結束をつよめ、自国の安定化をはかろうとする。国民国家形成期にとりいれた手法をくりかえしているのである。ことがおこれば、ほんのささいなことで少数派を攻撃するという、その手法である。分裂していたドイツ各地域をまとめるにあたり、ユダヤ人排斥と同時に、「ドイツ国民に告ぐ」とし、ドイツ民族の自覚をうながし、その優位性を強調しながら、第三帝国をつくりあげたドイツが記憶にあたらしい。

しかし、一般の人びとは、もはや無邪気な〝小国民〟ではない。国民国家形成期のころのように扇動され、だまされることはすくなくなった。戦争などのはげしい抗原抗体反応をへて、国家の欺まん性をみぬく免役がついたのかもしれない。

つぎの世代の意識もかわりつつある。国にこだわらない人びとがふえているのである。自身の精神や芯を、あえて国家にもとめなくなった。国家の制度にしばられず、世界中どこにでもゆく。オリンピックのメダル争いやノーベル賞称賛も、以前ほどの効力をうしないつつある。反オリンピック主義があらわれ、ノーベル賞への疑問もわきおこり、そのパロディー版イグノーベル賞もでてきた。

自国民の意識をたもっているものの、今後さらに国籍の無意識化がすすむだろう。人為的につくられた人種の概念が意味をなさなくなったように、国民の概念もおなじ運命をたどるだろう。なぜか。あたりまえだが、人間社会にもともと国境はなかったからである。ほかの動物とおなじように、人間は、山をこえ、川をわたり、砂漠をかけめぐり、海を自由に行き来するのである。

2 移民とはなにか

■ 文明の伝達者

国や文化をこえての人びとの移動は、ふるくからさかんであった。商用・移民・結婚・勉学などである。また、侵略され、帝国化され、植民地化されれば、人びとはほかの地へとむかい、そこで交流し、おたがいの知識や技術を共有する。知識と技術はたくわえられながら、制度と装置がつくりだされ、文明が形づくられてゆく。

文明の進展によって、ひとりの人間の力ではなしとげられなかったことが可能となった。車や汽車で大陸を横断し、船で大海をわたり、飛行機で大空をとぶ。交通網や通信網の発達と同時に、政治制度や経済制度などの情報もまた世界へとひろがってゆく。

先にしめした国民国家というのは、ひろい範囲にわたる人びとをひとつにまとめるためにあみだされた制度である。国民国家の政治制度は、宗主国から植民地へ、植民地独立後の国家内の各少数民族へとつたわってゆく。このように、文明というのはどこにでも共有できる性質をもつ。

文明の利器という言葉がある。スマートフォンが文明の利器の代表であり、いまや世界のあらゆるところでつかわれている。文明の進展のあらわれとして、医学でいえば、病原菌の制圧である。くわえて衛生観念がひろがり、医療が発達し、人間の寿命がのびるようになった。アルファベット文字が世界共通につかわれるように、文字もまた文明の所産である。文字と紙の発明によって膨大な情報の蓄積がなされ、それがさらに文明を発展させた。

わたし達はこのように現代文明を享受している。それは、東西南北へと移動する人びと、いわば文明の伝達者が情報をつたえたおかげである。

■社会の開拓者

さて、世界中から日本をめざす人たちがいる。彼／彼女らにたいして、日本人はどのようなイメージをえがいているのだろうか。

まずしい国からやってきた出かせぎ労働者、政治的な理由で難をのがれた人、さらには社会のかく乱者という評価がある。少子高齢化するなかで労働力として有用である、たすけなければならない難民、そして社会の負担となる人ともみられる。あるいは、満州移民やブラジル移民に代表されるように、日本から新大陸にわたった人びとというイメージを、そのままとらえているかもしれない。

ここでのべるのは、そのような意味ではない。移民のうけいれ側がどのような意図と認識をもっているのかを問題にしているのではない。社会のおおきなながれのなかで、移民とはどのような存在なのか、それを問おうとしているのである。

移民・難民は、まずしい人でもないし、受身の人でもない。厄介者でも、棄民でもさらさらない。出かせぎ労働者や移住労働者といういい方も不適切である。

ここでしめそうとしているのは、あらたな社会をきずこうとする開拓者であるという見方である。移民は、さきにのべたように、本国の文明や文化をつたえる情報の伝達者である。世界がせまくなるにつれ、その国の人たちとの交流の場がひろがれば、おもいがけない産物をうみだす。移民はついた先の社会に参加し、交流をはぐくみ、あらたな文明をつくりあげてゆくのである。

途上国は、ほんのひとにぎりの支配層とおびただしい数の下層とで構成される社会である。そのあいだに、わずかな中間層が存在する。いっぽう日本は、中間層の人たちがほとんどをしめる均一な社会である。

日本にやってくる移民・難民は、本国ではあらゆる層の人びとであり、その国の担い手である。場合によっては、頭脳にもなりうる。ただ、能力があっても、それを発揮する場が本国にない。そこで、均一な日本社会の中間層から下層にはいりこみ、みずから本国の文明や文化の情報を積極的にいかしながら、創造的精神を発揮し、あたらしいものをつくりだしてゆく。それが可能な人たちである。

■在日コリアンの貢献

20世紀初頭から日本にくらしはじめた在日コリアンは、移民のパイオニアである。アジア太平洋戦争前から戦後にかけて、在日コリアン一世は炭坑・土建業・廃品回収業などに従事し、最下層に位置づけられながらも、日本経済に一役かった。その後世代交代がすすみ、たかい教育をうけた在日コリアン二世や三世が日本の中間層にくわわった。その過程で民族や国籍、そして不当な制度や社会的差別の壁にぶちあたったが、彼／彼女らはそれをきりひらきながら、意識を次第にかえていった。

その意識とは、ひとりの人間としての自覚であり、個の自由や平等の精神である。それらは、1970年代にはじまった就職差別事件・司法修習生や公務員の国籍条項撤廃・外国人教員採用問題などの運動に結実した。なかでも1980年代の指紋押捺拒否運動は、さまざまな媒体で表現され、日本社会に新鮮な息吹をもたらした。

■あらたな移民の貢献

本書の語り手のおおくは、20世紀末に難民として日本にのがれてきた。それにもかかわらず、日本政府は難民としてみとめようとしなかった。本国と同様、彼／彼女らに居場所はなく、日本においてもまた、少数派あるいは無国籍者として生きていかざるをえなかった。

だが、彼／彼女らの語りに耳をかたむけ、その姿をみつめると、逆境をバネにした力づよい姿勢がみいだされる。共通しているのは、おおくのすぐれた素質をもっている点である。話がうまく、論理的である。団体のリーダーにふさわしく、おだやかさをもちあわせている。知的ですぐれた能力を発揮し、日本人とのつながりを重視している。

それは、なぜか。彼／彼女らが社会の少数派だからである。人との関係をよくしていかなければ、生きてゆけない。100人のなかに味方が自分ひとりしかいなければ、争いをしても勝ち目はない。そこで彼／彼女らは、争いをさける術《すべ》を身につける。社会にみとめてもらうためにも、自分の能力をみがかざるをえない。平和思考と向上心が、独自の創造的精神をかりたてている。そのひとつのあらわれとして、移民のコミュニティがあげられる。彼／彼女らは、そこで相互扶助の精神を発揮している。

わたしはその移民コミュニティにはいり、側面支援としての無料医療相談をおこなっている。その医療相談のあと、ビルマ人やクルド人やベトナム人とおしゃべりをたのしみ、ビルマ料理やクルド料理やベトナム料理を堪能する。各民族の料理はおいしいし、言葉をおぼえるのもたのしい。民族の音楽をききながら、踊りをみるのはおもしろい。日本にいながらしての異文化体験が、現代において可能となったのである。

この異文化刺激によって人びとの好奇心は触発され、あそび心がうまれる。単一文化や単一民族に固執すれば、その文化や民族の勢いはなくなり、いずれおとろえる。移民と日本人が交流をつみかさねてゆけば、精神や活力の種を社会にまき、創造の花をさかせられる。移民とは、ついた先の社会に参加し、開拓者精神を発揮し、多様な価値観をもたらし、社会の躍動感をうむ存在なのである。

■社会と歴史をうつす鏡

移民は同時に、日本社会を投影する鏡でもある。移民がふえるにつれ、民族への差別的な言動がかならずもちあがる。その姿は、構造的な差別や社会的な偏見をうつしだす。在日コリアンにたいする暴力的言動は、いぜんとしてつづく。アパートの入居拒否はあいかわらずなくならない。政治家の差別発言をゆるす風潮は根づよくのこる。

制度的な差別もまた存在する。半世紀以上ものあいだ移民・難民をくるしませてきた排除の法律、入管難民認定法である。法務省入国管理局の運用にあたり、おおくの被害がうみだされてきた。いまいちど移民の存在をとらえなおすことによって、日本社会の一断面、入管難民認定法とその運用のありかた、日本と出身国との関係、そして世界でおきている出来事や潮流をもつかめられる。アジア大陸への侵略や強制連行など、加害の歴史をみつめなおすきっかけもあたえてくれるだろう。

■民族問題をときほぐす

今後、わたしたちはどのようにして、異民族をむかえたらよいのだろうか。異民族問題は、かならずしも負として機能するばかりではない。どのように対応していくかで、正の作用にもなる。結核やＨＩＶなどの感染症もまた、人びとの移動によってひろがる。しかし、人類は抗結核薬や抗ＨＩＶ薬を発見し、それを治療にむすびつけ、おおくの患者をすくってきた。それとおなじである。争いがあっても、試行錯誤しながら、社会の平和と安定にむけて知恵をしぼる。そのような人びとが、どの時代でもかならずあらわれる。さまざまな問題が発生したとしても、対話などの努力をつみかさねながら、解決の道をさぐる。

　文化や民族のちがいは、たしかに昔からあった。ただ、わたしたちが現在かんがえる異質性というのは、一民族一国家形成・植民地支配・戦争・独立運動・闘争などによって、19世紀後半から意識化され、より強化されたにすぎない。民族意識が希薄であった18世紀以前にもどることはできないにしても、かつての平和的共存ができないはずはない。

　歴史的社会環境のなかでふきこまれた異民族への差別や偏見を克服し、日本人はかわってゆかねばならないだろう。日本人と異民族との衝突が拡大すれば、社会の不安定化をまねく。それは、さけねばならない。そのためにも、少数派の平和志向や争いをさける術《すべ》を、みならおうではないか。「かつての平和的共存」を、みなおそうではないか。

　国際関係というのは、あくまで国家を前提とした国家間（international）のつきあいや争いや出来事である。しかも、特定の国家群にしか通用しない20世紀型のふるい概念である。21世紀のいま、国家と民族をこえた人のながれが加速化し、国際化から地球化（global）への時代に突入している。

　現代の日本は、あたらしい段階にきている。だが、あつい壁につきあたっている。いまだに20世紀型の国家や民族にこだわりつづけているのである。それを突破するには、徹底的な地球化でしかない。国籍や民族にとらわれず、社会をきりひらこうとする「わたしは、わたし」の日本人が、「あなた」や「彼／彼女ら」をも対等な関係としてみる開放的な日本人が、そして日本にくらす文明の伝達者の移民が、日本と全世界において行動する。それは、地球全体の貢献へとつながる。

　世界の人びととどのような関係をきずくか。さしあたっておこなうのは、世界からの文明や文化の情報をそなえた、あたらしき日本人をそだてる土壌づくりである。それが、これからの日本社会の決め手となろう。

コラム

身分証明書あれこれ

7

「番号なんかでよぶな！」

ある日突然とらえられ……

1968年、NHKで『プリズナーNo.6』というテレビ映画が放映された。イギリスで制作された全17話の作品である。

主人公はある日突然とらえられ、ある村につれていかれ、監視されるようになった。彼はNo.6という番号をつけられる。「番号なんかでよぶな！」とさけびつつ、彼は村からの脱出を、そして村の権力者に抵抗をこころみる。だが、いくどとなく脱出をはばまれる。ミステリー仕立てのストーリーで、内容の展開はたいへん魅力的であった。

最後は、村の権力者と直接対峙し、権力者をひきずりおろした。No.6がもとめていたのはしかし、権力ではない。自由である。束縛されていた村から、みずからでてゆく。さいごにうつしだされた映像は、ロンドン郊外をかわきりに、テムズ川のほとりにたたずみ、ビッグベンのちかくで、スコットランドヤード警官と会話し、プリズナーNo.6がロンドンの街を自由にあるく姿である。解放感にみちあふれた映像で、『プリズナーNo.6』はおわる。

自由の代償

プリズナーNo.6はなんども村からのがれようとするが、出口はいつもとざされてしまう。それでも、抵抗をこころみる。自由へのあくなき渇望。権威や権力にたいする抵抗精神。

当時少年であったわたしは、おおきくなったら、ぜひプリズナーNo.6にあやかりたいとおもった。権威や権力からしばられることなく、なにものからも自由でありたい。自由をさまたげるものがいれば、かならず抵抗をこころみよう。おさない少年のこころに、それがしっかりとうえつけられた。

半世紀がたった。自由をもとめる精神は、おおきな代償をともなう。高校時代は授業をさぼりつづけたためか、大学受験に人格検査をうけるハメとなった。すくいあげてくれた大学では、それでも講義をさぼったので、低空飛行のまま、なんとか卒業できた。その後しばらくのあいだ、落第する夢をみつづけた。

世の中それほど自由でないことを、しだいにさとるようになる。気のむくままの自由で勝手な言動は、つつしまなければならない。医者は医者らしくふるまわなければならない。そうでないと、社会的にゆるされない。行動にタガがはめられ、まっとうな言動をするように、すこしずつあらためられた。

人間社会に不可欠な権力と権威

人間社会には、かならず規律がある。統制され、そこではじめて秩序がたもたれる。自由をもとめる行動というのは、じつは社会性にかけるのである。おのおのが勝手にうごけば、社会の秩序がたもてない。個人の自由主義というのは、人間社会にとって相いれず、まったくダメな原理である。かつて独裁をしいていた国が崩壊し、混乱のきわみにいたった。それまでの社会秩序が崩壊すると、人間はかならず暴走する。その歯止めをかけなければならない。

そこで登場するのは、権力や権威である。人間社会に不可欠な要素である。社会の規範にそった人たちが多数をしめ、はじめて世の中が平和にたもたれる。

未来をきりひらくものは

ところが、安定社会というのは、安定初期からすでに崩壊がはじまる。均一の思考や文化は、衰退の萌芽を有する。安定化作用がつよくはたらく均一社会において、変革をめざす挑戦者は、あらわれない。洞察力にすぐれた建設的な批判者は、でてこない。

自身を将来に賭ける意思と意欲のある挑戦者は、安定社会からとびださなければならないだろう。外から改革者をむかえいれなければ、安定社会は衰退にむかうだろう。変革をおこすことによって、世の中はいろどられる。自由な発想と独創性は、枠からはみだそうとする自由意志が源泉となる。その言動は、よくも、わるくも、社会を刺激する。

安定は、もちろん社会にとって不可欠である。しかし、変革をおこさなければ、未来はとざされる。学校の劣等生であろうと、建設的な批判者であろうと、移民・難民であろうと、社会の少数派は社会をつよく刺激する。それが、未来をきりひらく。

概念からの自由

物理的・経済的な制限をうけようとも、表現上の制約があっても、わたしの自由をもとめる精神は、いまもつづいている。精神の自由とは、社会通念からの自由である。性・年齢・国籍・民族・人種・職業などのさまざまな概念に、もうしばられなくなった。医者という束縛からも、自由になった。その瞬間、『プリズナーNo.6』の最後の場面のように、なにものにもかえがたい解放感をあじわったのである。

（山村）

資料

日本および世界における
移民・難民にかんする統計

解説

日本の移民・難民の状況は複雑で、たくさんの問題点をふくんでいる。そこで図表をつくり、それをしめしながら、連続セミナーの参加者の理解をうながした。

連続セミナーでわたしが説明する様子をみて、なおかつ、わたしが「山村先生」とよばれるのをきいて、わたしを「大学の先生」と勘ちがいしたホンモノの大学の先生がいた。わたしの場合の先生は、医者のDoctorである。大学の先生はProfessorあるいはTeacherとなる。もっとも、わたしが医者でも、連続セミナーで医療についてほとんどふれなかったので、勘違いしたのは無理もない。本書でも医療の記述は、ほんのわずかである。こうなると、ほんとうに医者かどうか、あやしくなる。

ちなみに、入管職員も被収容者から「先生」とよばれている。この場合、入管の「先生」は英語でなんていうのかしら？　日本語というのは、ひとつの単語にいろいろな意味がつまっている、やっかいな言語である。

ここにしめす図表は、入管の「先生」たちの資料にもとづき、ニセ医者にかぎりなくちかづきつつある「先生」によって作成された。

（山村）

1　日本の外国人（移民・難民）数および比率、他国の外国人比率および特殊合計出生率

戦後の外国人（移民・難民）というと、在日韓国・朝鮮人に代表され、１９５０年代では総外国人の90％を、60～80年代では70～80％をしめていた。それが90年代になると、50％となり、それ以降減少している。

ほかの国籍の外国人がふえはじめたのは、90年代はじめからである。冷戦終結が転機となり、日本の労働力不足があいまって、人の移動をうながした。１９９０年に１００万人をこえたのち、２０１８年には外国人総数は２６３万人で、日本の総人口の２・１％をしめるようになった（**図1**）。

国籍・地域別でみると、60万人台を推移していた韓国・朝鮮にとってかわったのが、中国である。ほかにブラジルとフィリピンが増加している。２００８年以降になると、ブラジルと韓国・朝鮮が減少し、中国も横ばい状態かややふえている。そのいっぽう急速にふえたのは、ベトナムである（**図2a**）。ほかに、東南アジアやネパールなども急増している（**図2b**）。

ほかの先進国で、外国人のしめる率は6～11％である。イギリスおよびフランスは、元植民地出身者に自国の国籍をあたえている。それをかんがえれば、実際の比率はもっとおおくなるだろう。ドイツはトルコからの移民をうけいれ、１９９０年代末に移民大国とよばれるようになった。２０１５年には外国人比率が11％にもなっている（**図3**）。

韓国は、外国人比率ですでに日本をおいこしている。日本の入管法や技能実習生制度などを手本に、

韓国は外国人に対応してきた。ところが、受けいれ態勢におおくの問題が生じたため、韓国は２００４年に雇用許可制をとりいれ、２００８年に外国人処遇法などをつくり、すこしずつ外国人の受けいれ改善をすすめてきた。ところが、日本では数おおくの問題をのこしたまま、現在のひくい値を維持している。

それでは、なぜ欧米や韓国は移民・難民をうけいれるのだろうか。

いずれの国も、出生率の低下がみられる（**図４**）。人口減少とともに少子高齢化社会となっている。かの国々はかつて先進工業国といわれ、工業産業がさかえていた。それが、現在では衰退の一途をたどっている。次世代の担い手は、もはやかつての工場労働者ではない。工業産業社会から情報産業社会へとうつりかわり、わかい人たちは情報産業へとすいとられるようになった。ただ、情報産業だけでは文明社会を維持できない。農業や工業産業も不可欠である。そこで、農業や工場の労働力を外国からおぎなおうとしている。それが、現代社会のおおきなながれである。

2 日本の難民認定率

難民認定数だけでは、難民認定の実態をとらえられない。難民不認定者の増減もふまえなければならないのである。難民認定率をあらわし、そこではじめて経時的変化や他国との比較などを正確につかめる。難民認定率は、以下の方法で計算している。分母には審査途中で取り下げした人や行方不明者をの

図1　日本の外国人数および総人口にしめる割合

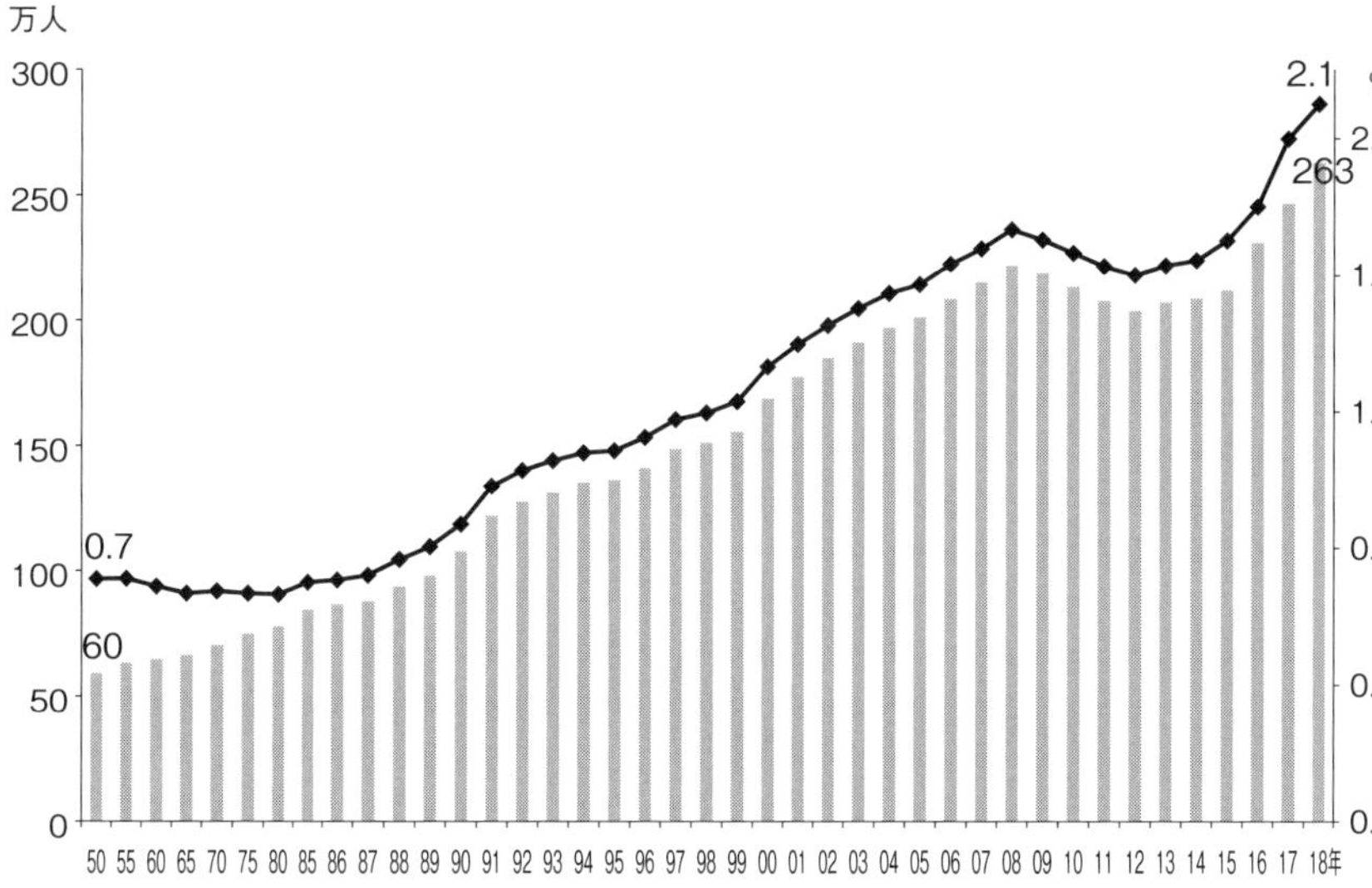

法務省入管統計より作成

図2a　日本の国籍別外国人数

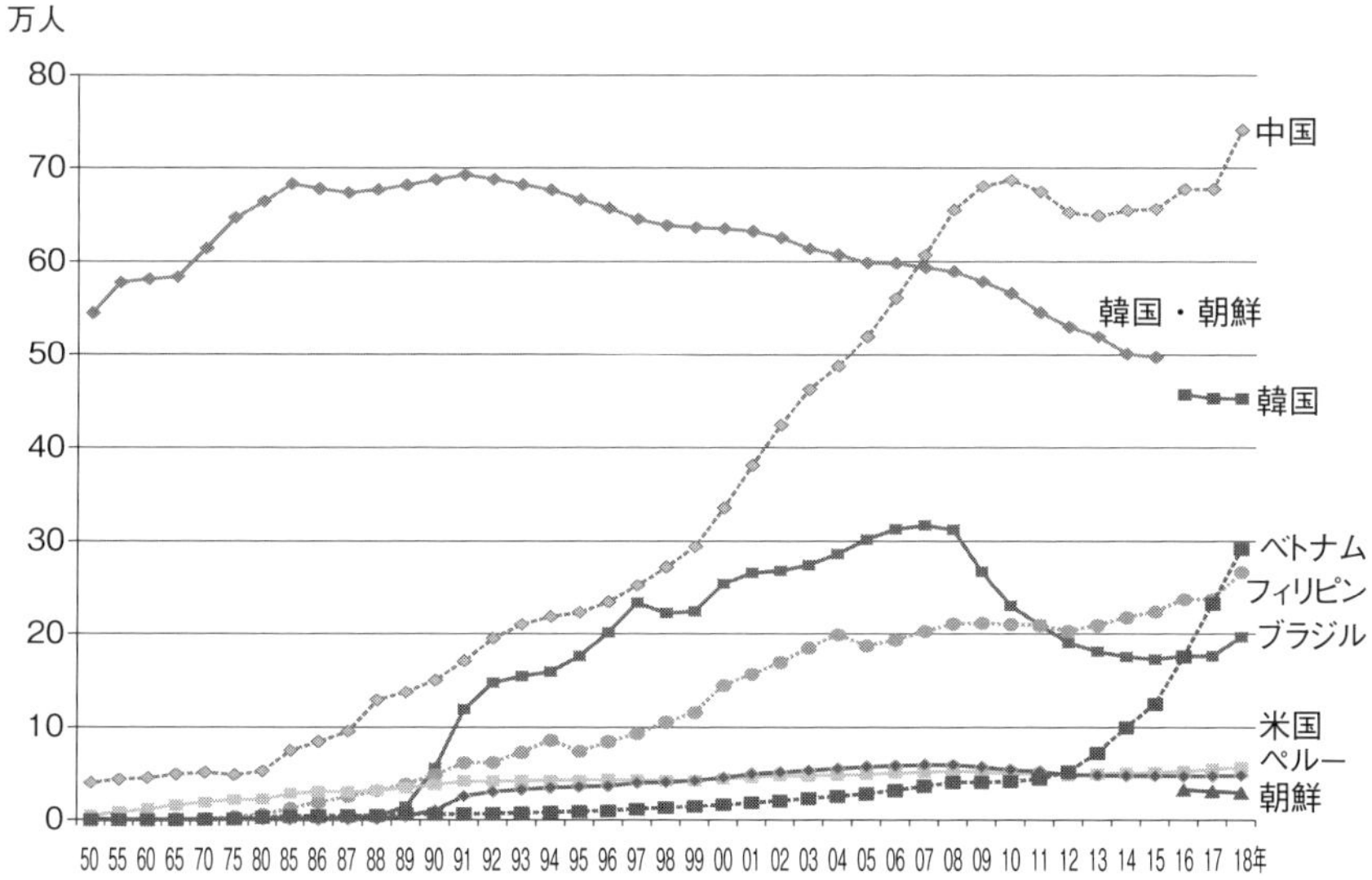

法務省入管統計より作成

ぞいている。

難民認定率（％）＝認定者数÷（認定者数＋不認定者数）×１００

日本の難民認定制度がはじまったのは、１９８２年からである。最初は63％とたかかったのが、翌年には半分となり、１９８９年以降は５％台を推移してきた。一時的に10％となったものの、２０１１年には１％となり、２０１２年以降は０％台となった（**図5a、5b**）。

２００６年以降、一次審査よりも審査請求（不服申し立て）の難民認定率がうわまわるという、奇妙な状態がつづいている（**図6**）。本来であれば、逆になるはずである。参与員制度導入後は、一時的に認定率があがったものの、２０１７年では審査請求の難民認定者はたった１人（認定率は０％）、２０１８年では４人（認定率は０・１％）となり、参与員制度導入前よりもひくくなっている。難民から期待された参与員制度も、効果のとぼしい結果におわった。むしろそれは、入管にとってのぞむところだったのかもしれない。

なお、２０１０年から、在留資格の有効期間中に難民申請すると、特定活動という在留資格があたえられ、難民認定の結果がでるまで、特定活動の在留資格をもつ難民申請者は滞在可能となり、はたらけるようになった。

すると、難民性がないにもかかわらず、これまで非正規移民となるような人たちが難民申請しはじめた。２０１１年から難民申請者が急増したのは、そのためである。きびしい管理のなか、おもわぬ抜け道がつくられてしまったのである。難民申請者の急増をまったく予想しなかった入管は、失態を演じた

図2b　日本の国籍別外国人数

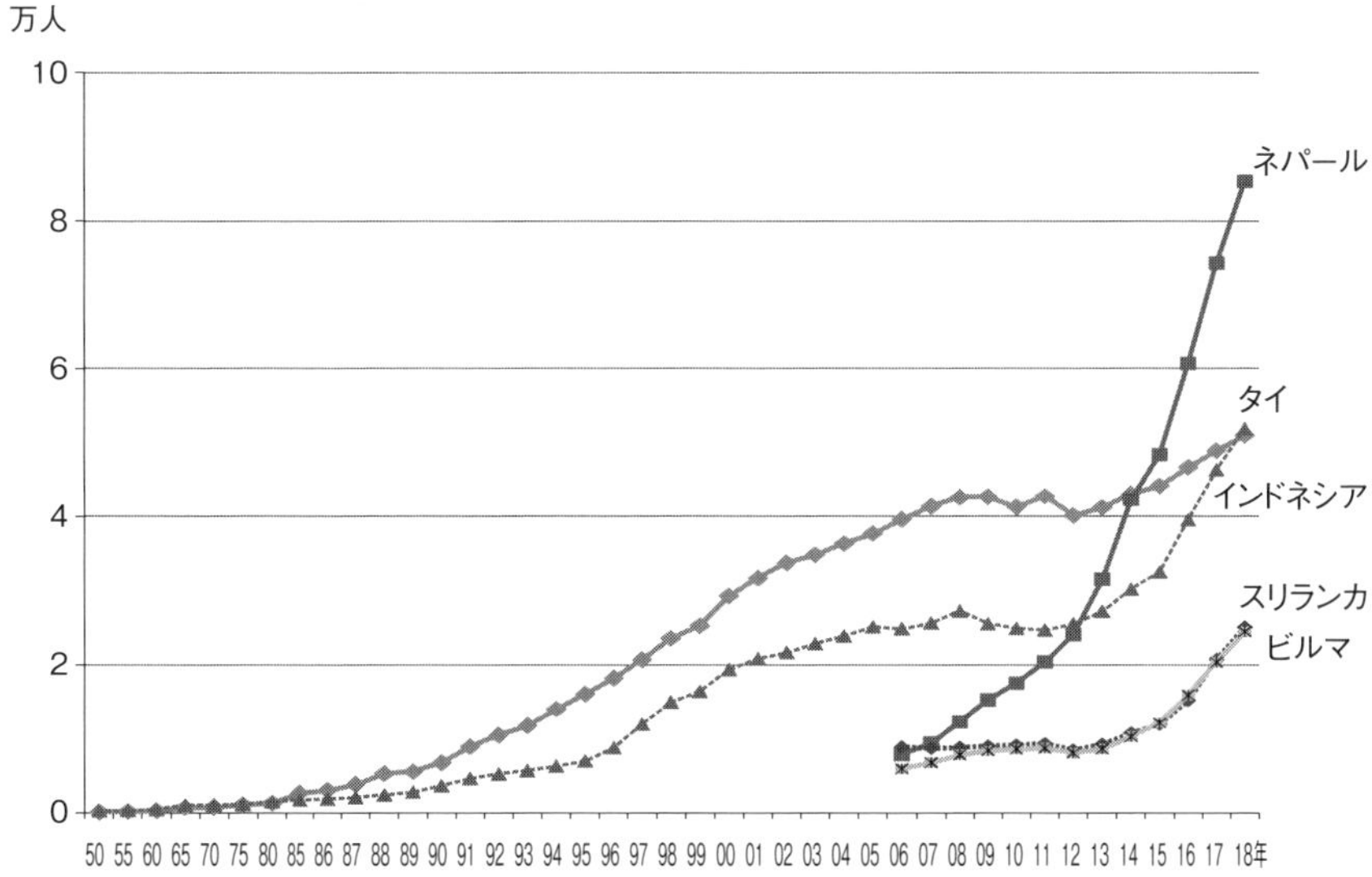

法務省入管統計より作成

図３　日本および他国における外国人のしめる割合

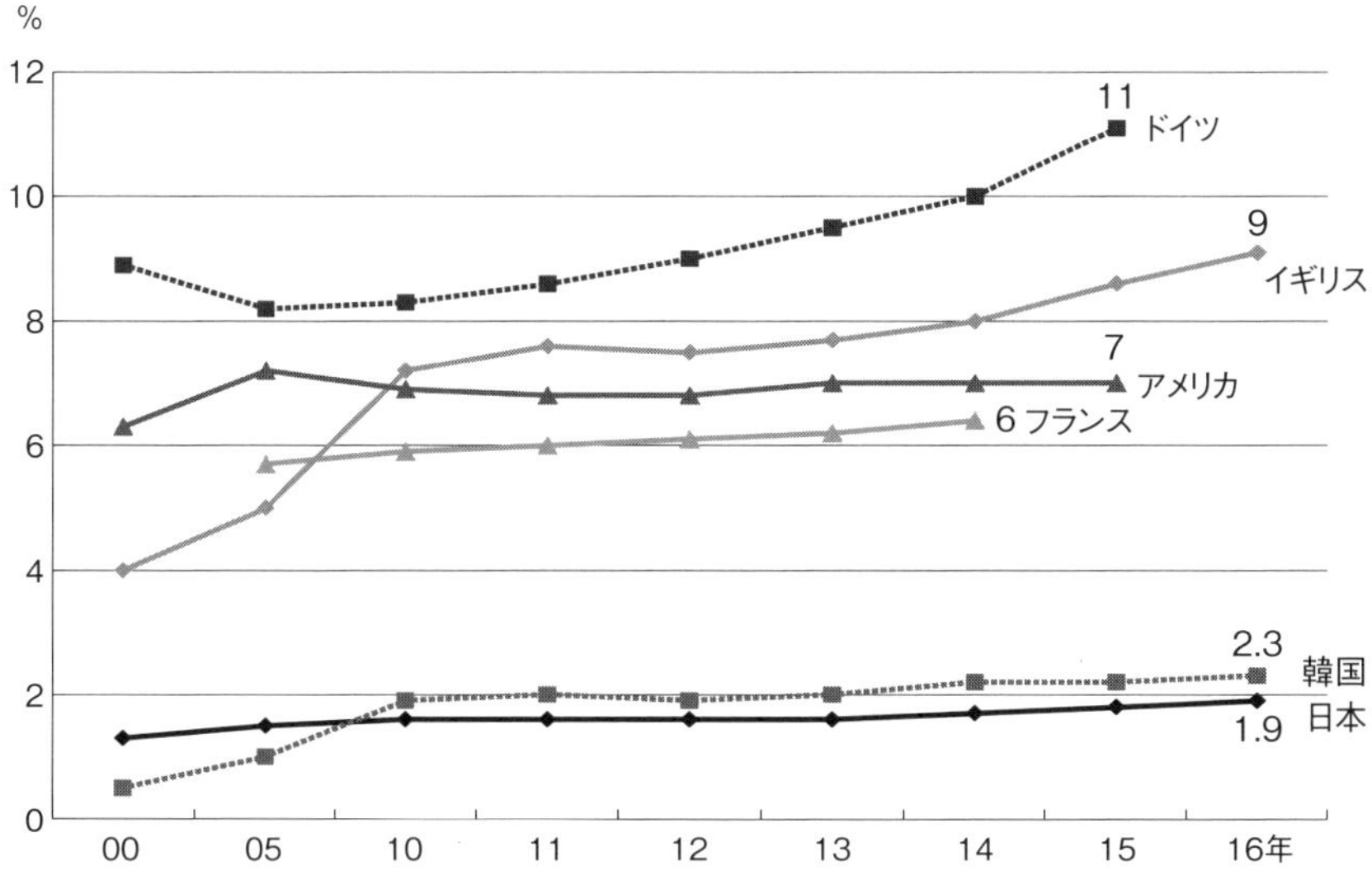

労働政策研究研修機構「データブック国際労働比較　2018年」より作成

ことになる。ところが、入管は自身のオウンゴールをおおいかくすため、責任を難民申請者に転嫁した。〝偽装難民〟として、マスメディアに登場させたのである。

3 世界の難民認定率

つぎに世界の難民認定率をみてみよう。難民認定率は、以下の方法で計算している。

難民認定率（％）＝認定者数÷（認定者数＋不認定者数＋補完的保護数）×１００

アメリカ合州国やカナダなどの移民国では難民認定率が40～70％とたかく、西欧諸国では20～40％台と、ほぼ一定に推移している。日本の難民認定率は２０１３年から０％台となっている（**図7**）。

世界各国で難民申請しているビルマ出身者についてみると、２００７年から難民認定率が急上昇している。ビルマでは、２００７年に大規模な僧侶の抗議デモがおこり、日本人ジャーナリストの射殺事件もふくめて、それらの映像が全世界に放映された。それが、難民認定におおきな影響をおよぼした。現在もビルマ出身の難民認定率は90％ちかくをたもっている。このことは、ビルマがいまだ〝民主化〟からほどとおい状況であることをしめしている。

図4　日本および他国における合計特殊出生率

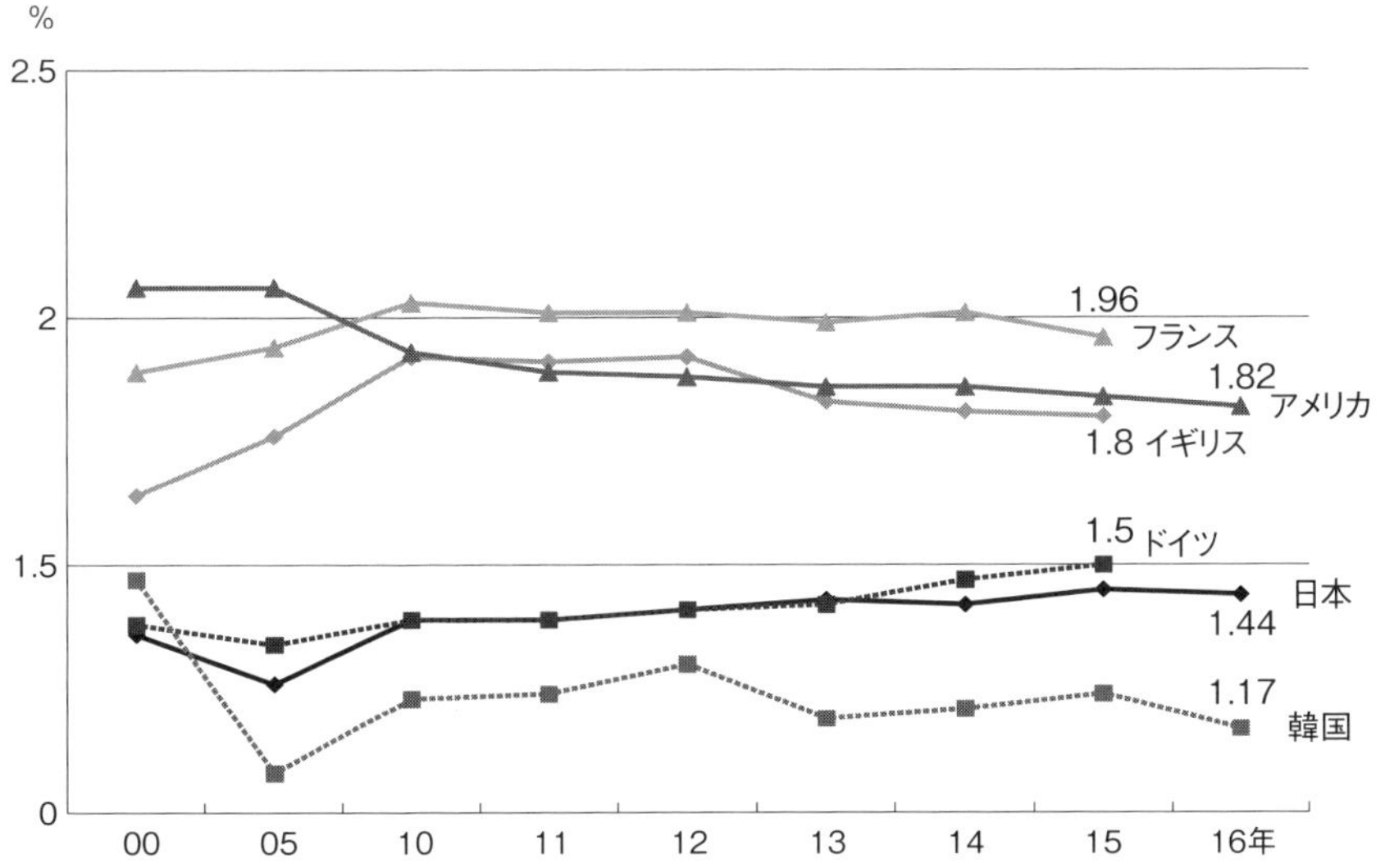

労働政策研究研修機構「データブック国際労働比較　2018 年」より作成

図5a 難民認定率および処理件数　1982 ～ 2018年

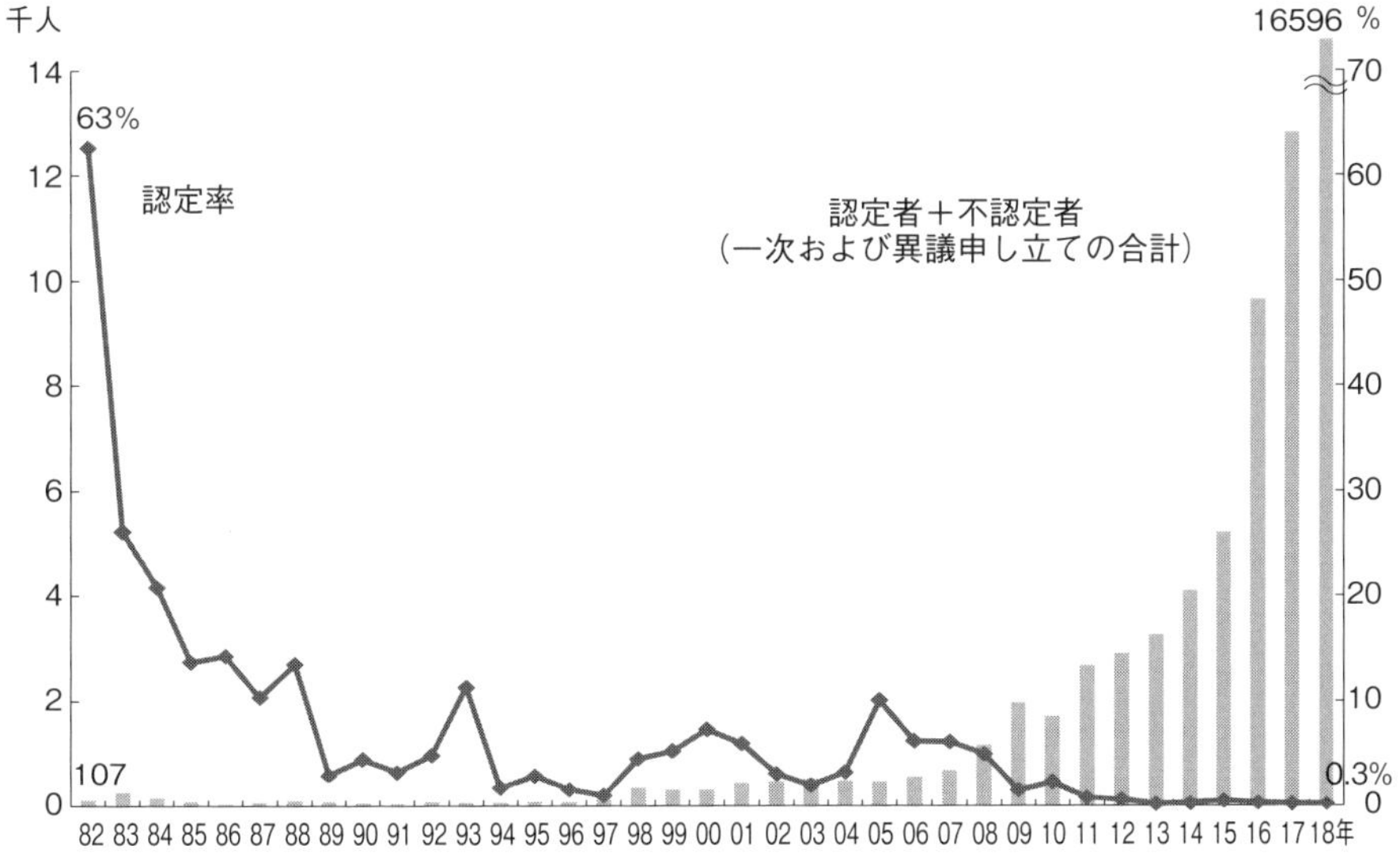

法務省入管統計より作成

南アジアでは、スリランカやネパール出身者の難民認定率は20～40％と一定に維持されている（**図8**）。いずれの国も、あかたも平和になったかのようだが、民族対立や政治対立がつづいている。

西アジアでは、イランやアフガニスタン出身者の難民認定率が上昇している。2011年から内戦がつづき、混乱をきわめるシリアからの難民の認定率も急上昇している。また、トルコ出身の難民認定率は、10％台後半で一定している（**図9**）。ちなみに日本において、トルコ出身の難民申請者の累計は２０１８年まで７２４２人にのぼるが、難民認定はひとりもいない。

サハラ以南アフリカでは、コンゴ民主共和国とエチオピア出身者の難民認定率が30～60％をたもっている。両国では、独裁政権による弾圧がつづいているのである。コンゴ民主共和国の東部地域はアフリカの中央に位置し、地政学的な要《かなめ》である。しかも、資源をめぐる紛争が多発している。それらもまた、難民発生の要因となっている。

ナイジェリア出身者の難民認定率は、10年以上にわたり一ケタ台である。難民性にとぼしい、と判断されているからだろう（**図10**）。

4　日本の非正規移民と在留特別許可

１９９０年代はじめ、日本はバブル期のころで、労働者不足にあえいでいた。それをおぎなったのが、非正規移民である。１９９３年には30万人ちかくもいたのである。ところが、日本経済の衰退とともに、

図5b　難民認定率および処理件数 2006～18年

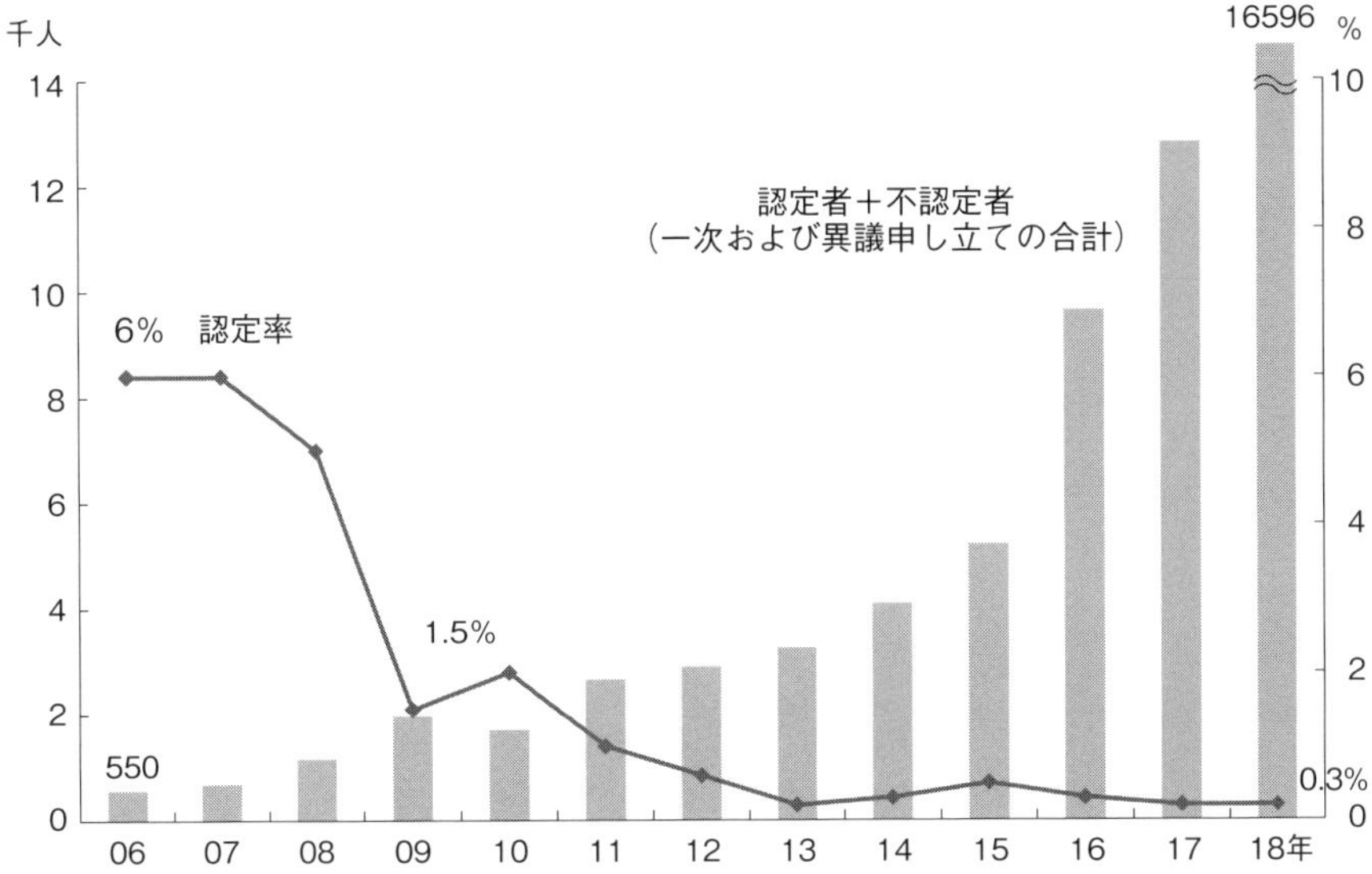

法務省入管統計より作成

図６　一次審査と審査請求の難民認定率　4年区切り　1982～2017年

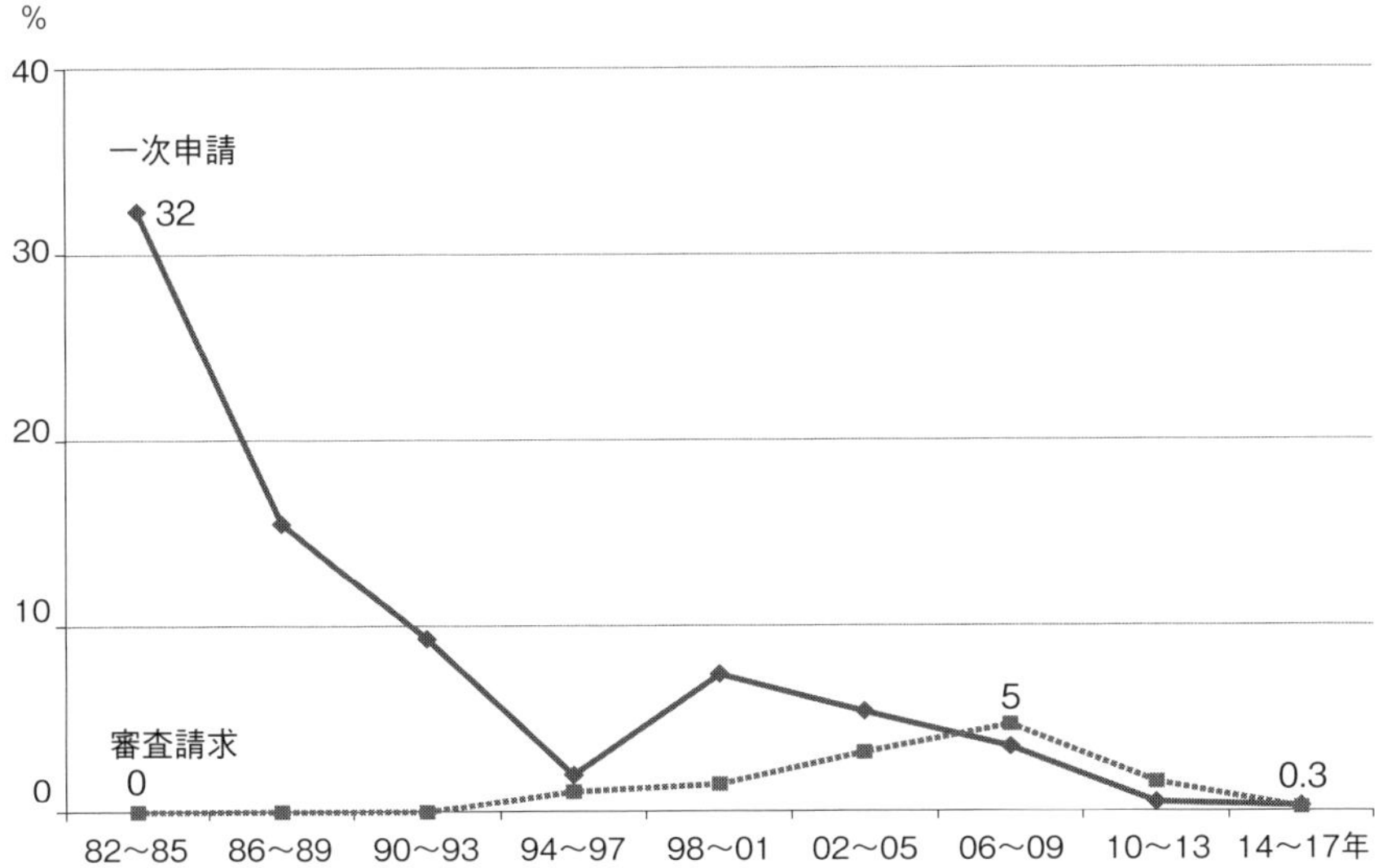

法務省入管統計より作成

非正規移民は日本をはなれるようになった。

減少傾向の非正規移民に追いうちをかけたのが、2004年に開始された〝不法〟滞在半減政策による取りしまりである。学童期の子どもをふくめて、非正規移民の家族全員を収容し、国外へ追放した。〝人間狩り〟と称されるほど、非人間的なあつかいが、当時もまかりとおっていたのである。その後、空港での入国管理をきびしくし、在留カード制度を導入し、非正規移民をおいつめた。

2008年にはリーマンショックがおき、日本ではたらく利点がなくなり、非正規移民をふくむ外国人のおおくが日本をはなれた。2012年以降、減少傾向は一段落し、現在6万人台で推移している（**図11**）。

非正規移民が減少するいっぽう、2000年以降、在留特別許可件数が飛躍的に増加した。1万件以上を許可した年もある。〝不法〟滞在半減政策の一環として、追放（ムチ）と在留特別許可（アメ）の両方をつかいわけたのだろう。

2013年以降、在留特別許可件数は極端にへっている。それが、非正規移民数の減少にともなうものかどうかは、それぞれの数だけでは判断できない。あくまで率でみなければならない。非正規移民の在留特別許可率は、以下の計算式をもちいた。

非正規移民の在留特別許可率（%）＝
在留特別許可数÷その年における強制退去手続きの異議申し立てにたいする処理数×100

かつて90%以上をたもっていたが、2013年以降、在留特別許可率は急な下降線をたどり、201

図7　先進国での難民認定率

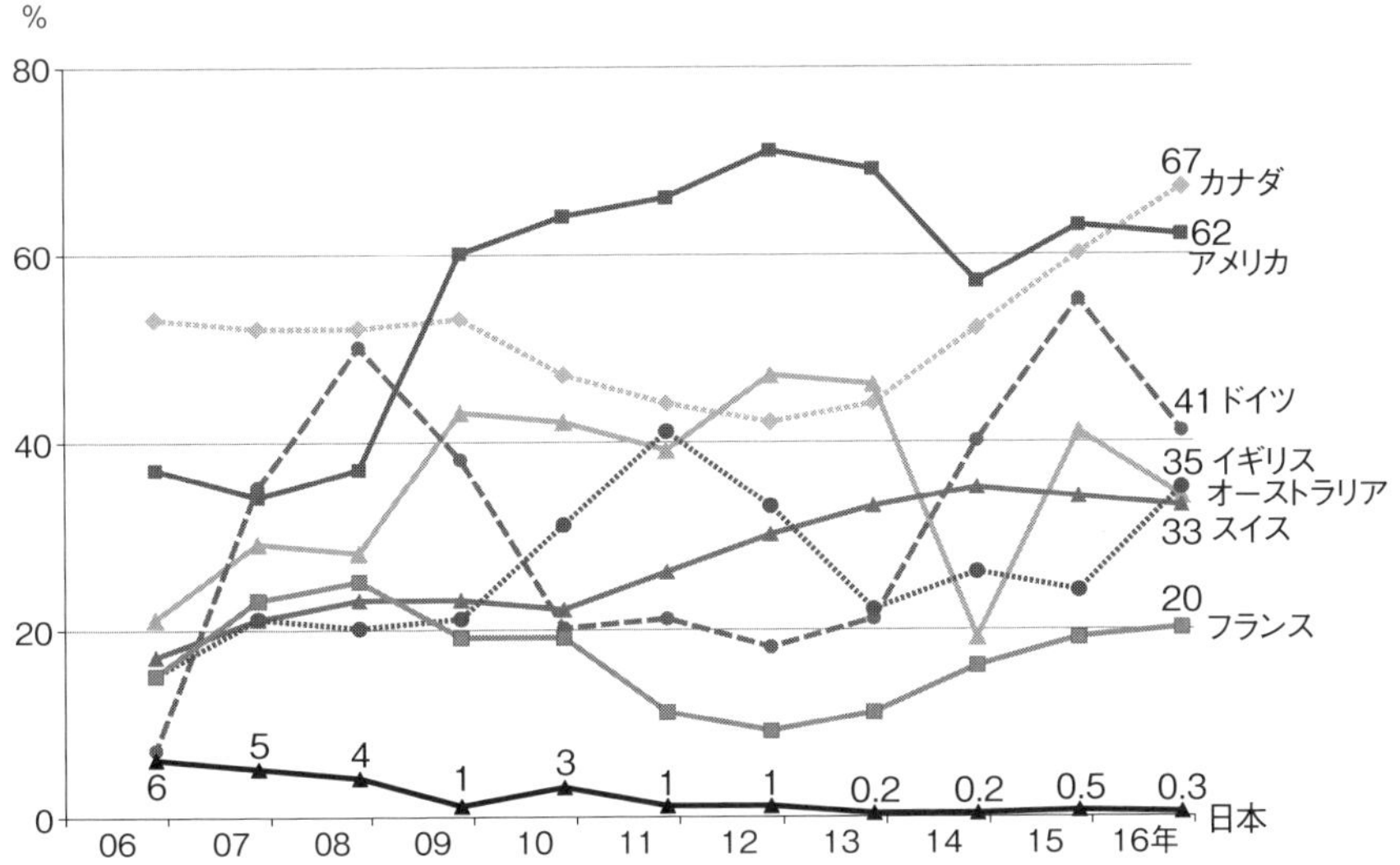

UNHCR 統計より作成

図8　ビルマおよび南アジア出身の難民認定率

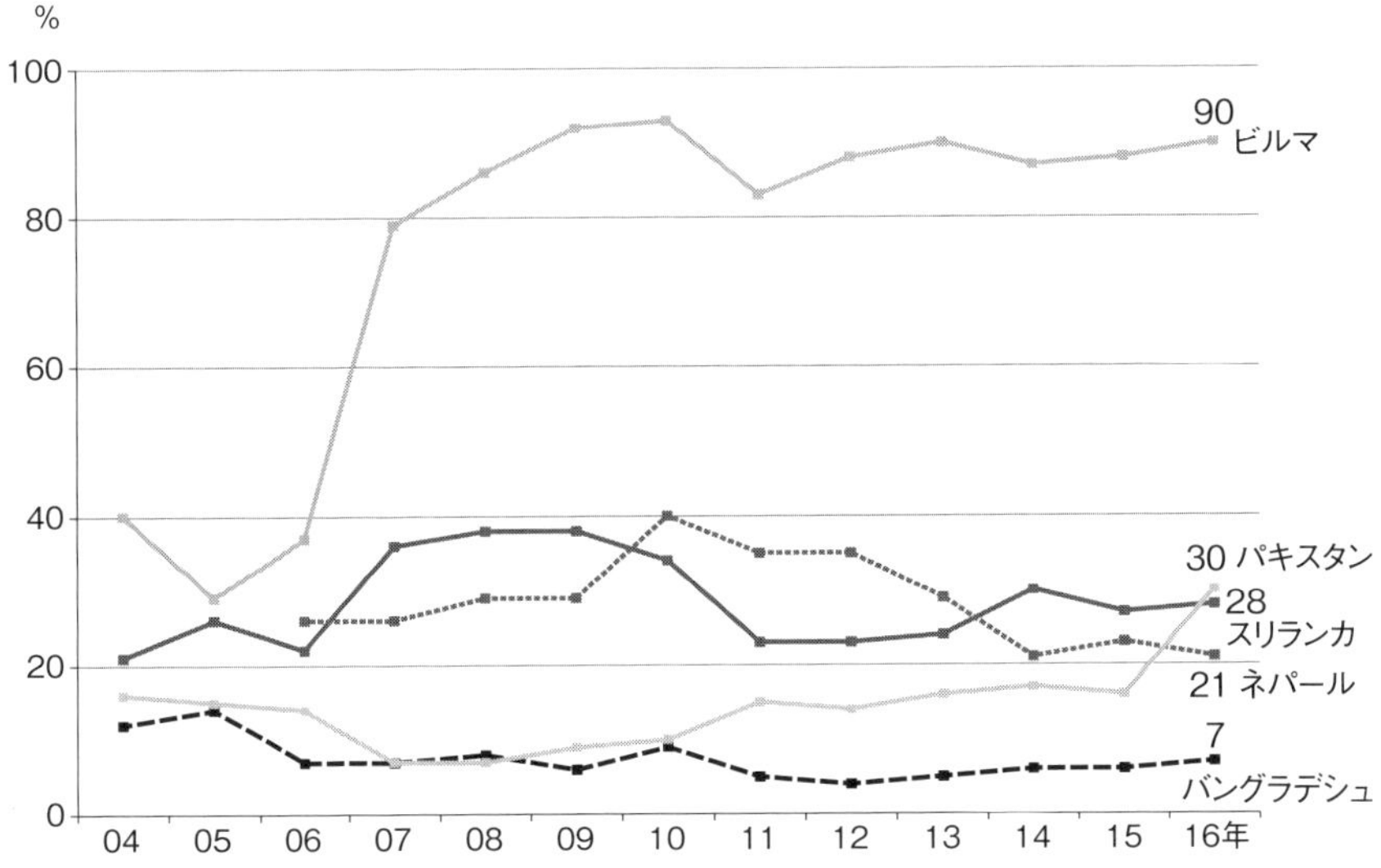

UNHCR 統計より作成

7年には50％にまでおちこんでいる（図12）。

在留特別許可件数の在留資格別をみると、「日本人の配偶者」、つまり日本人との結婚で在留資格があたえられる例が圧倒的におおく、「日本人」を重視していることがうかがえる（図13）。

5 日本の難民申請者と在留特別許可

「3 世界の難民認定率」でのべたように、2007年にビルマでおきた僧侶による抗議デモと日本人ジャーナリスト射殺事件をうけて、他国ではビルマ出身者の難民認定率が急上昇した。いっぽう日本では、難民認定ではなく、在留特別許可件数がふえた。この時期の在留特別許可のほとんどは、ビルマ出身者である。

その後、〝民主化〟とされるビルマ政治状況の変化にともない、ビルマ人の難民認定数および在留特別許可件数は極端にへった（図14）。2017年では、ビルマ人の難民認定者はなく、在留特別許可件数も10数件となってしまった。

ここでも難民申請者の在留特別許可率をみてみよう。難民申請者の在留特別許可率は、以下の計算式をもちいた。分母には審査途中で取り下げした人や行方不明者をのぞいている。


難民申請者の在留特別許可率（％）＝ 在留特別許可数÷（認定者数＋不認定者数）×100

図9　西アジア出身の難民認定率

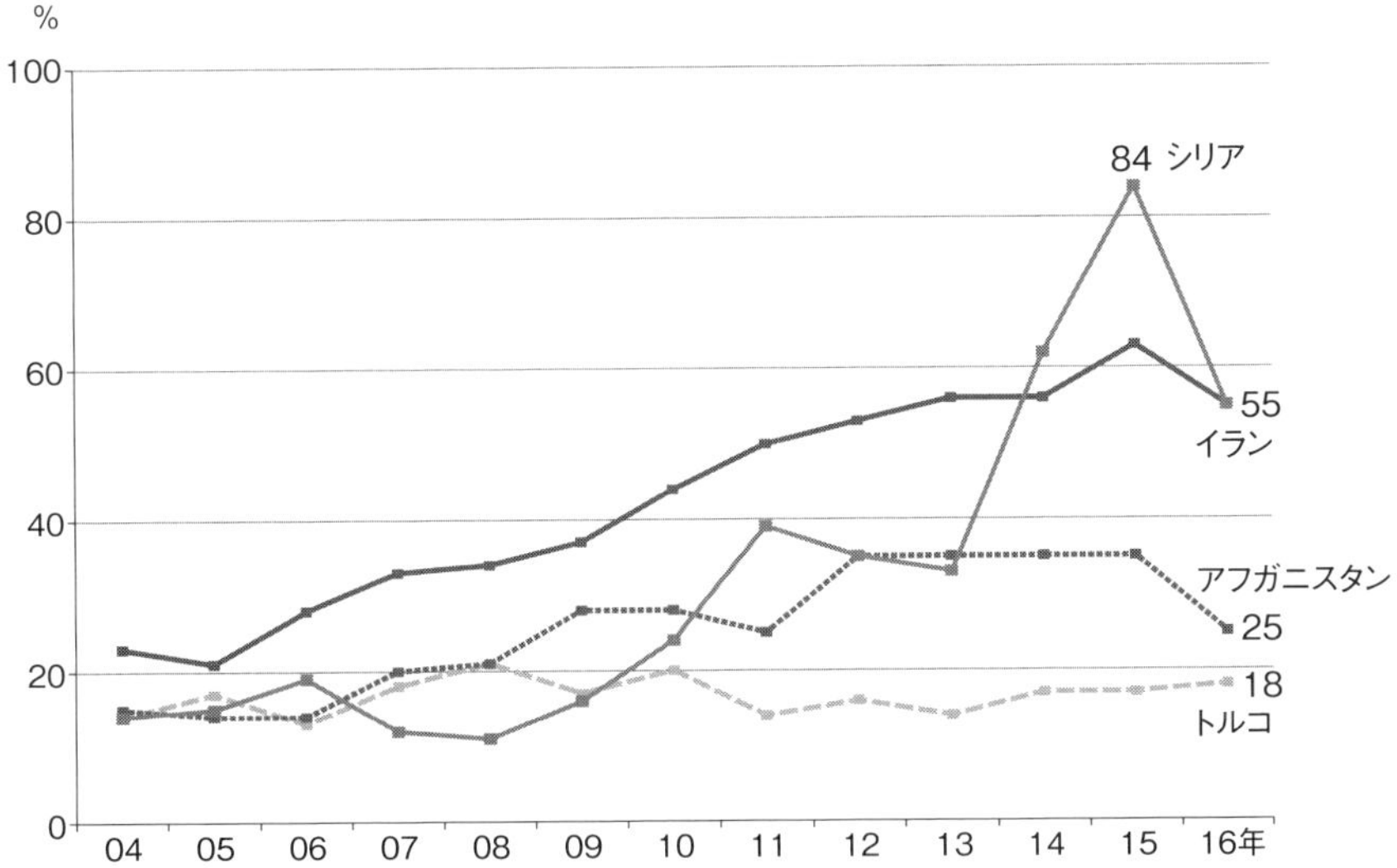

UNHCR 統計より作成

図10　サハラ以南アフリカ出身の難民認定率

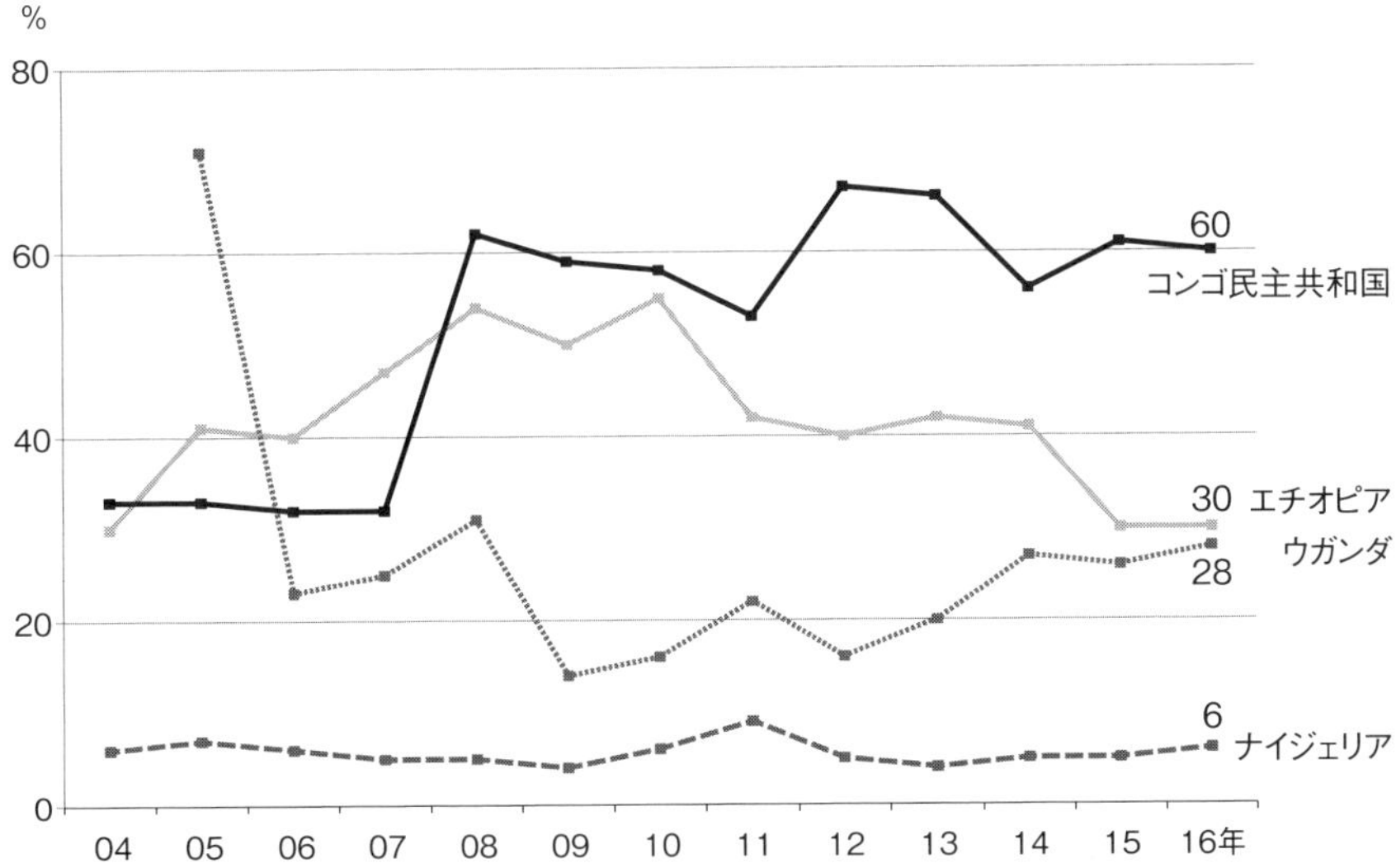

UNHCR 統計より作成

２００８年以前の在留特別許可率は上下に変動し、まったく一定していない。２００９年以降では、急激な下降線をえがき、２０１７年には０％台となっている(**図15**)。

難民申請者の在留特別許可は、難民性を否定されたうえであたえられている。かならずしも、難民性が反映されているわけではない。また、非正規移民の在留特別許可と同様に、判断基準が不透明であり、不許可理由もあきらかにされていない。

難民申請者および非正規移民の在留特別許可率の変動は、一定していない。あるいは、数年のあいだに極端な減少がみられる。ほかの図をみればわかるとおり、率の変動というのは、なだらかな線をえがくものである。

おそらく、なんらかの意図的な判断のもと、在留特別許可があたえられているのだろう。難民申請した中国の法輪功関係者のほとんどは、難民認定ではなく、在留特別許可であった。２０１４年にはシリア難民約60人が難民不認定となったのち、在留特別許可をえている。クルド人難民申請者のうち、だれひとり難民認定されず、在留特別許可取得者のほとんどは日本人と結婚している人たちである。難民申請者の在留特別許可は、その国との友好関係をたもつため、政治問題化をさける方策としてつかわれているのだろう。そして、メディアなどで話題となった場合などにも左右されるようだ。

余計なことをつけくわえるようだが、わたしの友人は、入管によって恣意的にあやつられる在留特別許可を「インチキビザ」とよんでいた。

図11　日本の非正規移民

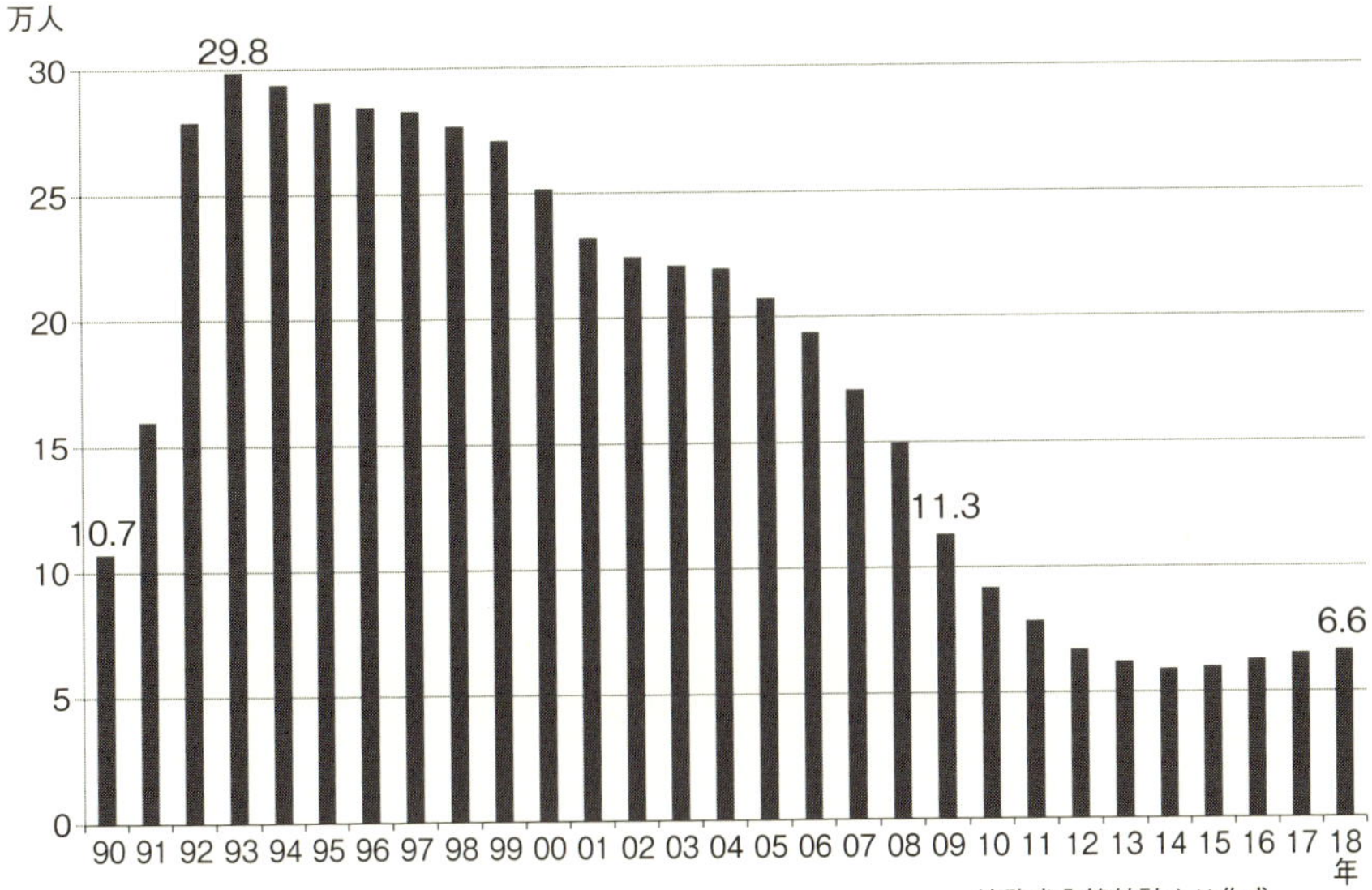

法務省入管統計より作成

図12　在留特別許可件数および異議申し立て処理数における在留特別許可件数の割合

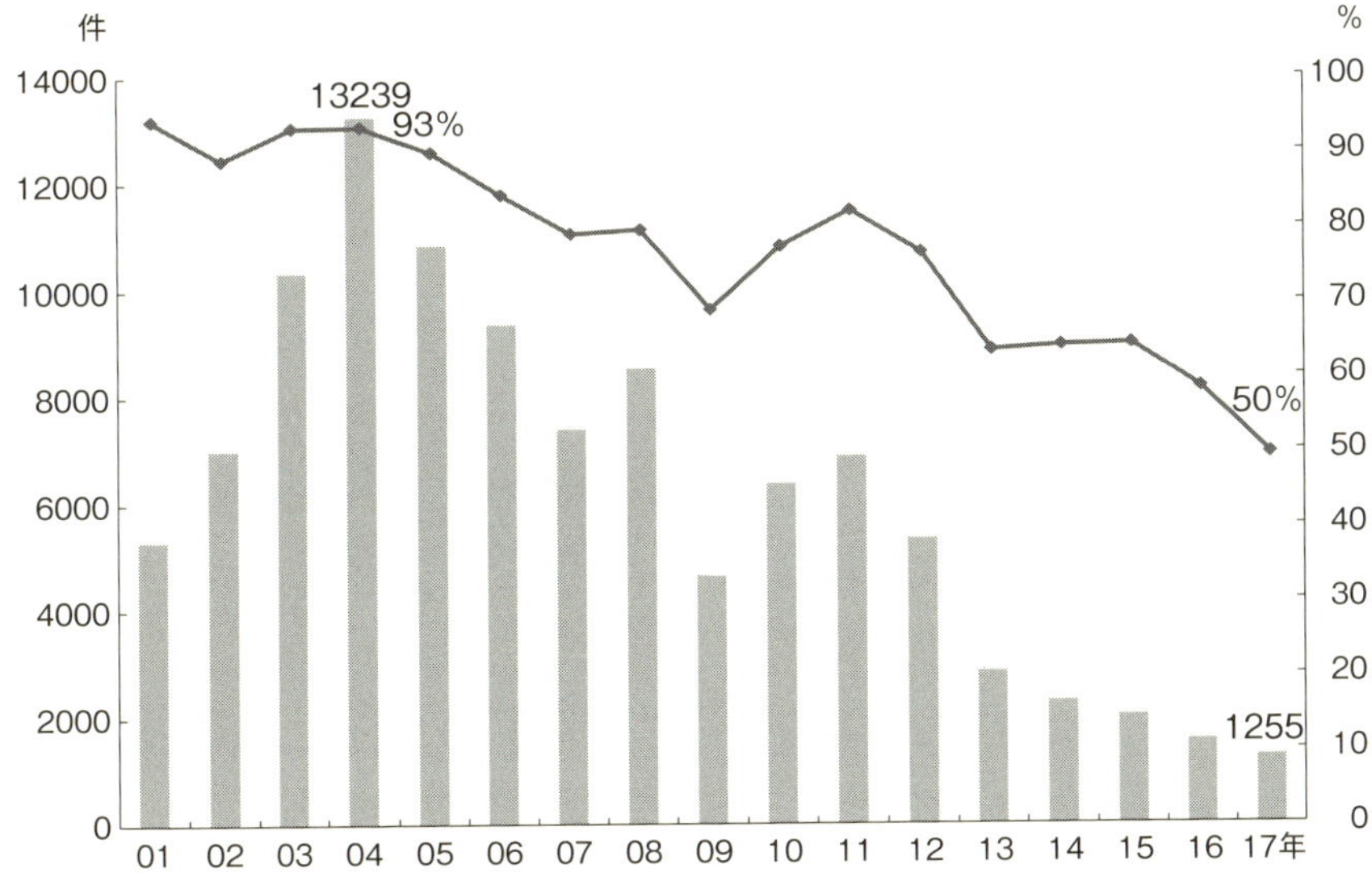

法務省入管統計より作成

6　日本の外国人収容所

収容所の平均充足率は２００６年からさがりつづけ、２０１８年には42％となっている。ほとんどの収容所で、空き部屋がたくさんみられる。そのなかで、東京入管は70％とたかい充足率をたもっている（図16）。なお、図の率はその年のある一時点での、たとえば10月X日での数値である。

２０１５年、西日本入国管理センターが閉鎖された。西日本入国管理センターと大村入国管理センターの充足率をみるかぎり、閉鎖するのは、むしろ大村入国管理センターだった。ここに、入管のあやまった判断がみてとれる。

それでは、とおくの、しかもムダのおおい大村入国管理センターを、どうして入管はのこしたのだろうか。それは、大村入国管理センターの〝誕生秘話〟をさぐれば、たちどころにわかる。

大村収容所（大村入国管理センターの前身）ができたのは１９５０年である。当時は東西冷戦のころで、朝鮮半島は一触即発の緊張をおびていた。済州島での虐殺事件や朝鮮戦争でのがれてきた人びと、および在日朝鮮人の親共産主義者などを追いかえすための装置としてつくられたいきさつがある。当時の東西冷戦状況を反映しつつ、その状況をたくみに利用し、日本に居ついてはこまる人びとを追放するため、翌年（１９５１年）の入管令とセットで世にでた産物なのである。

現在も朝鮮半島での混乱を想定し――ずいぶんと時代錯誤の発想なのだが――、朝鮮半島からの移民・難民が日本におしよせてくるのをふせぐため、前線基地としてなくてはならない存在とかんがえている

図13　非正規移民の在留特別許可件数——資格別

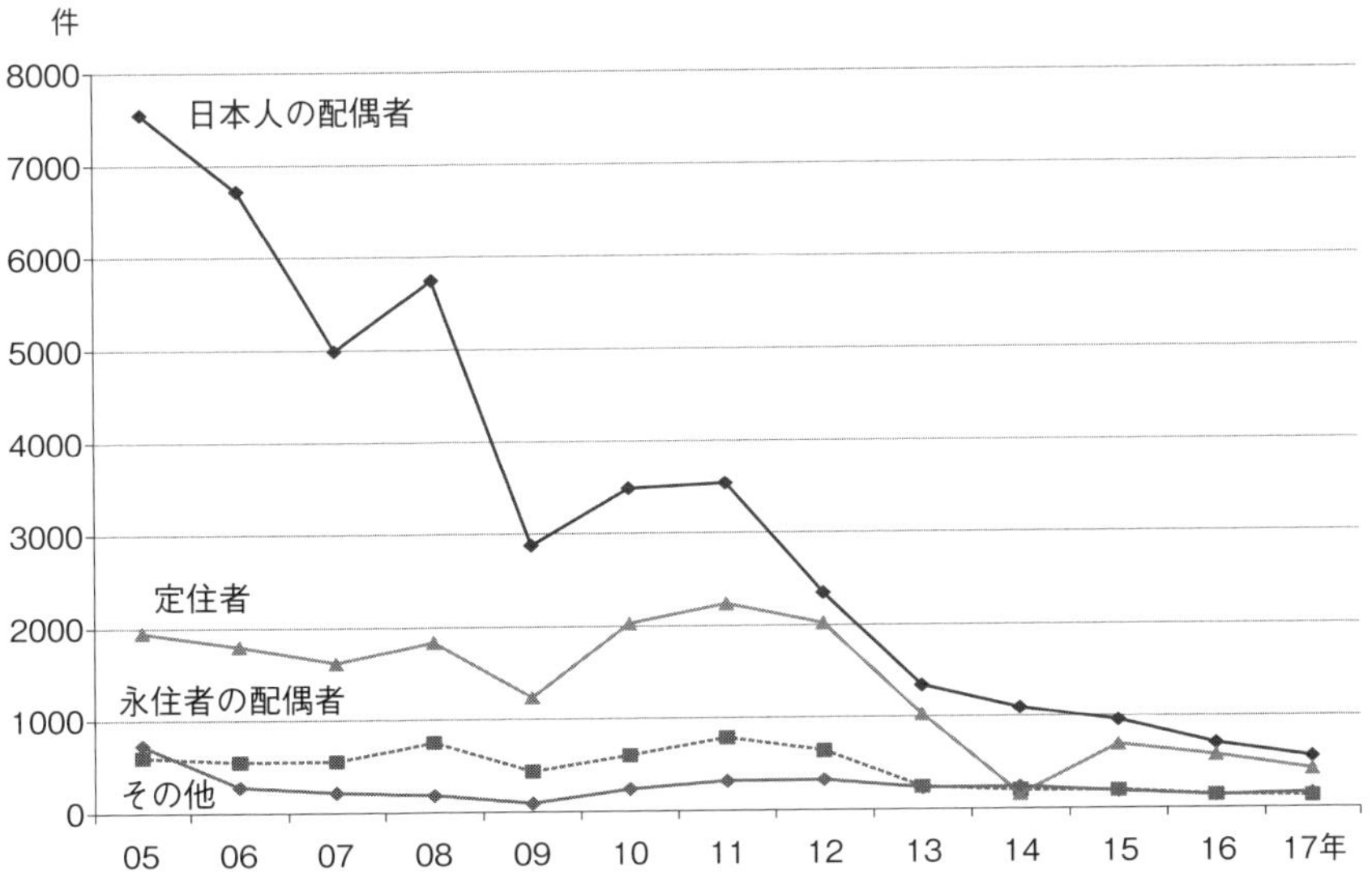

移住者と連帯する全国ネットワークによる省庁交渉からの法務省データをもとに作成

図14　難民申請者の在留特別許可件数

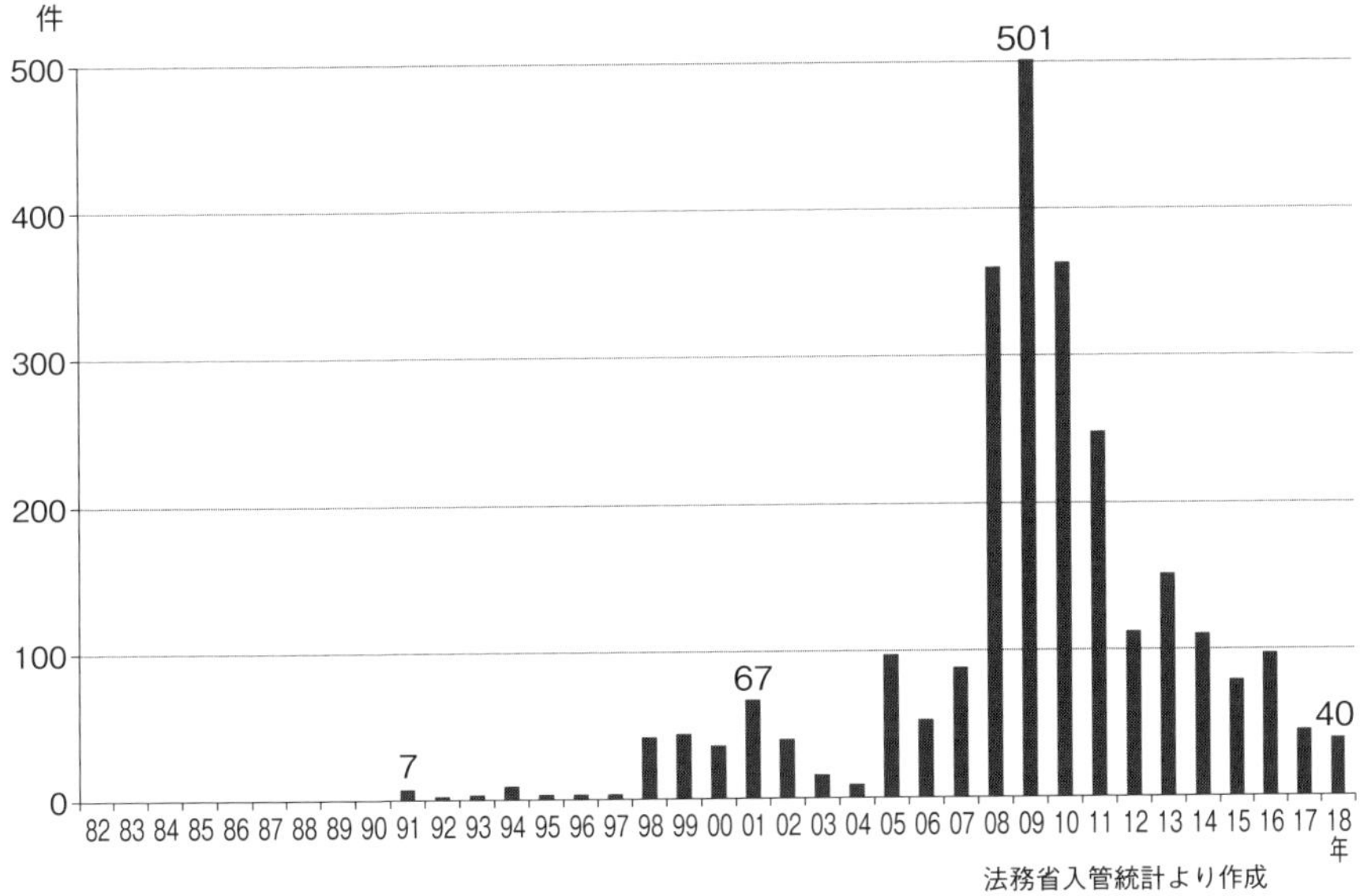

法務省入管統計より作成

のだろう。

ちなみに、大村収容所と同時代につくられた収容所をあげると、アメリカ合州国の日系人収容所（1942年）とナチスドイツのユダヤ人収容所（1940年）である。罪のない一般の人びとを収容する点、異民族や外国人を排除する点、そして大統領令や国家の政令によって収容を正当化し、人びとをあざむく点において、三つの収容所はなんのちがいもない。外国人収容所というのは、国民国家形成期に産声《うぶごえ》をあげ、発展してきたのである。

つけくわえれば、途上国の難民キャンプというのは、その国の外国人収容所である。途上国政府が難民キャンプを運営するには、資金難と人材難でとうてい無理である。そこで、UNHCR（国連難民高等弁務官事務所）に運営をまかせ、しかも先進国からの資金や支援団体からの援助でまかなう、という抜け目ない方法をとっている。

しかも、先進国にとっても都合がよい。難民が自国にやってきてはこまるので、難民を途上国にとどめておくほうが無難である。となると、難民キャンプでのUNHCRや先進国の難民支援団体の職員は、外国人収容所の職員とおなじ役割を演じていることになる。抜け目なさでは、先進国のほうが上手である。

日本の収容所の話にもどろう。

全国の収容所における被収容者の総数は、2008年には1866人だったのが、2018年には1433人と減少している。そのいっぽう、収容期間1年以上の被収容者の割合は、07～11年には3％前後、12～17年には10％前後であったのが、18年には32％と急上昇し、長期の被収容者がふえている（**図17**）。

在留特別許可率の急な下降線に反比例して、長期収容者の上昇率は、異常といってよい。これも、入

図15 難民申請者の在留特別許可率および処理件数

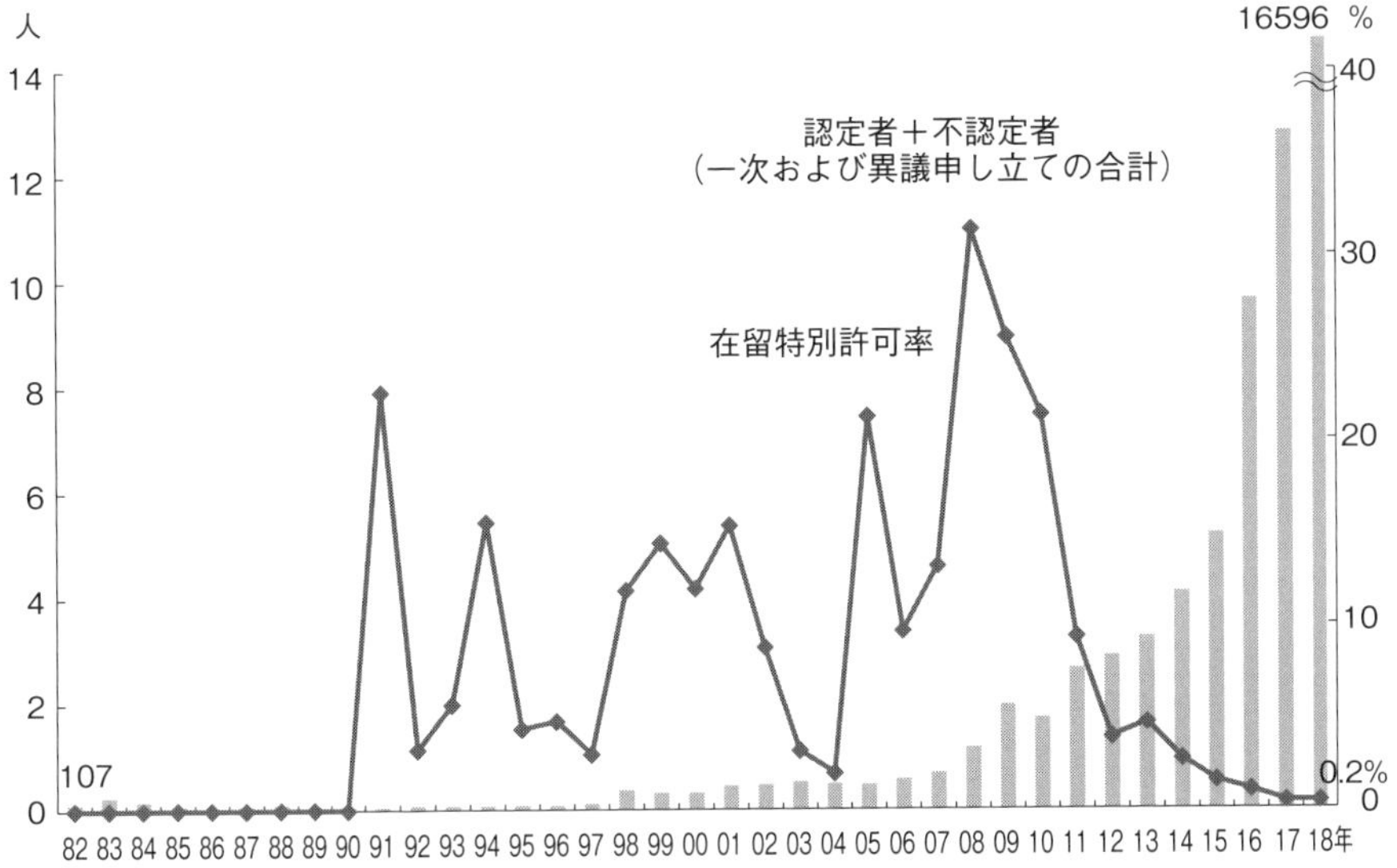

法務省入管統計より作成

図16 外国人収容所の充足率(その年のある日の時点)

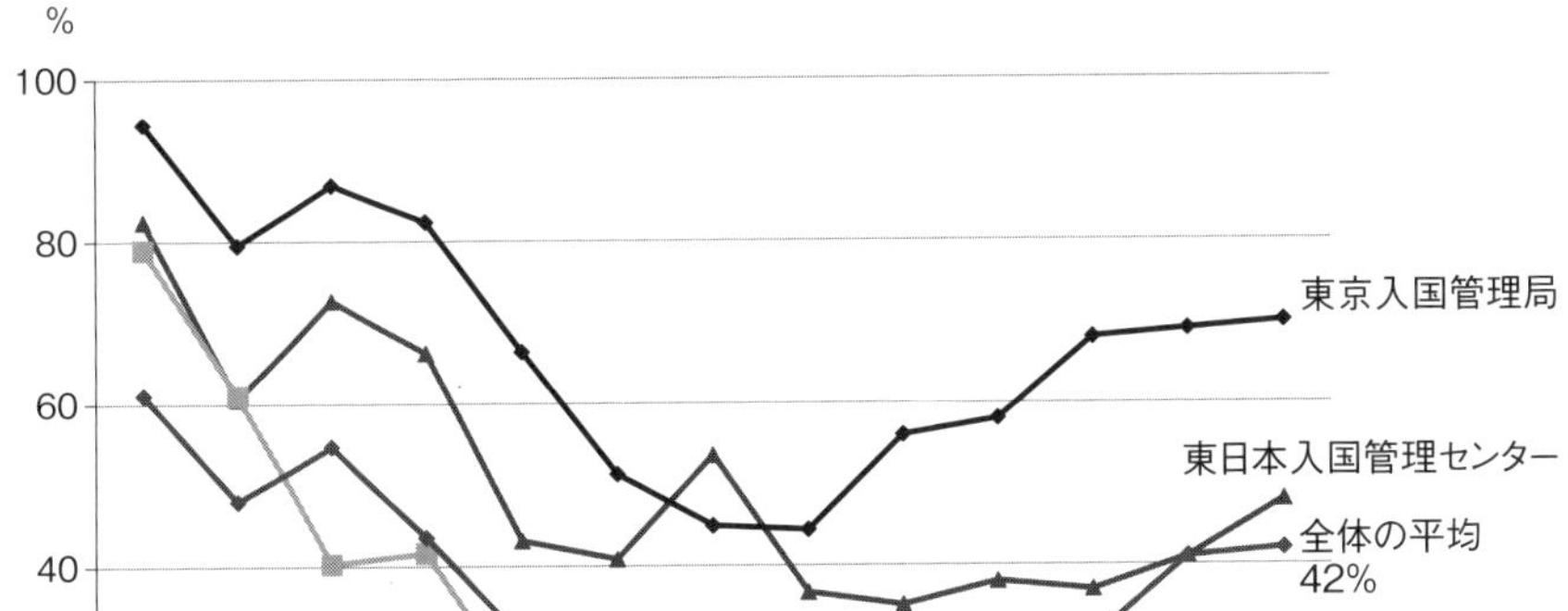

移住者と連帯する全国ネットワークによる省庁交渉からの法務省データをもとに作成

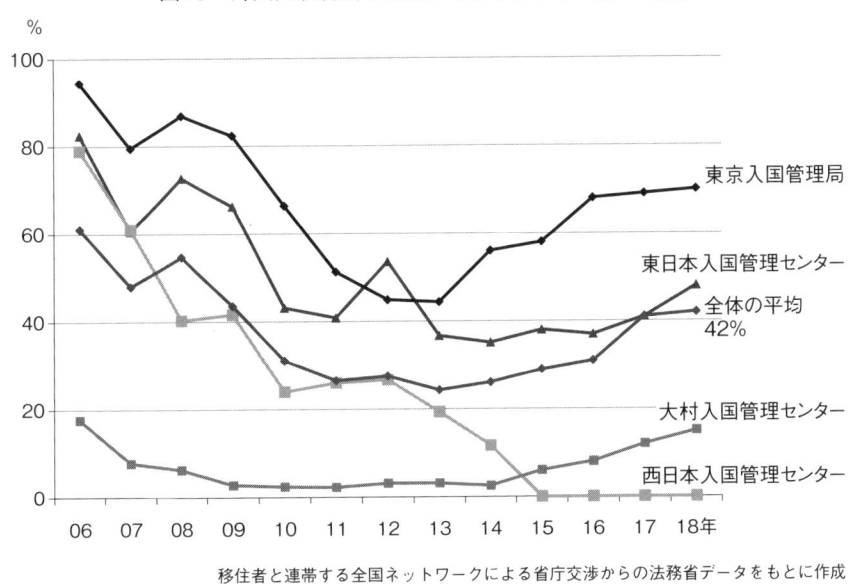

図17　被収容者数および収容期間1年以上の被収容者の割合（その年のある日の時点）

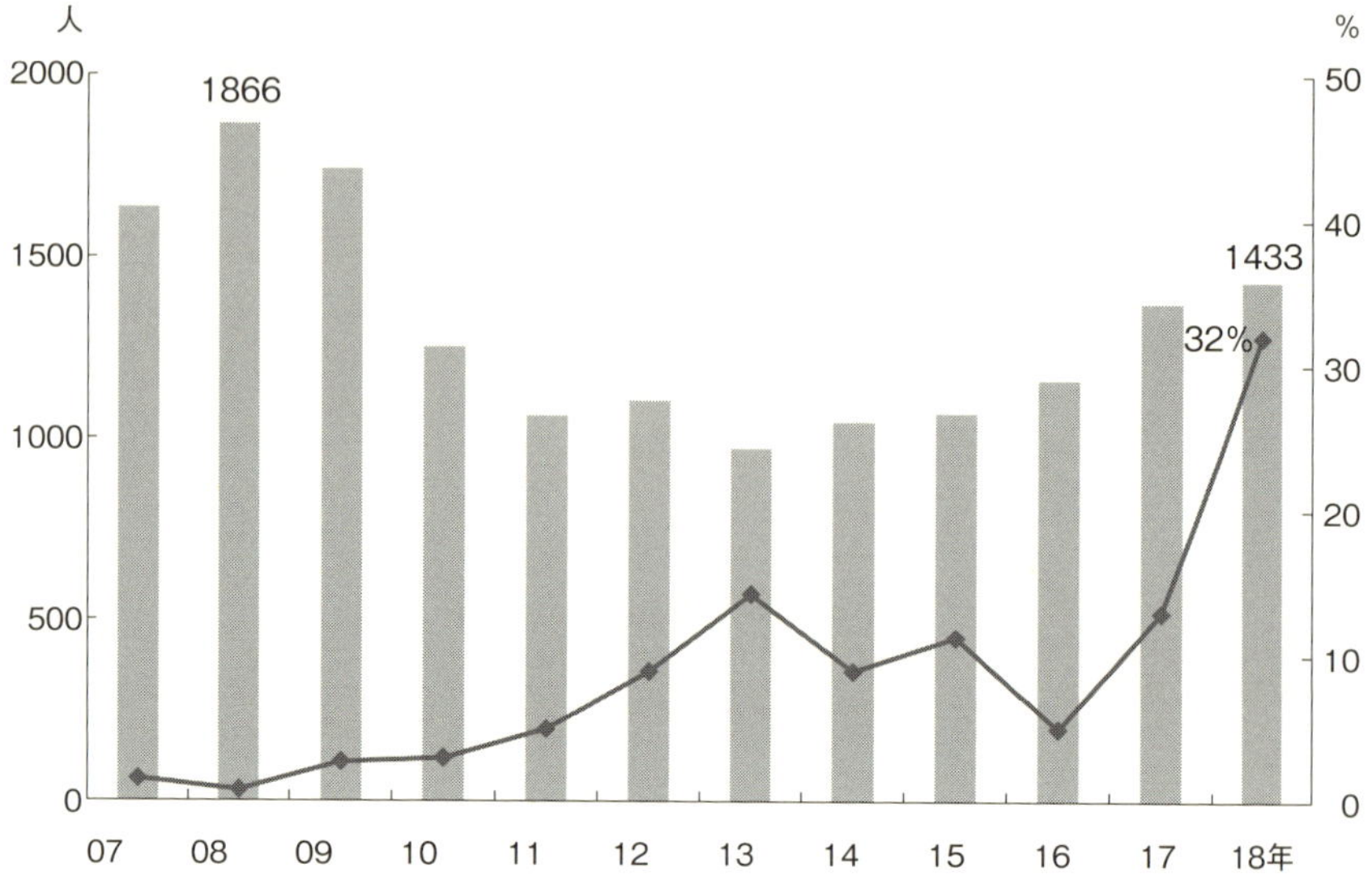

移住者と連帯する全国ネットワークによる省庁交渉からの法務省データをもとに作成

図18　自殺未遂者数と死亡数（年間）

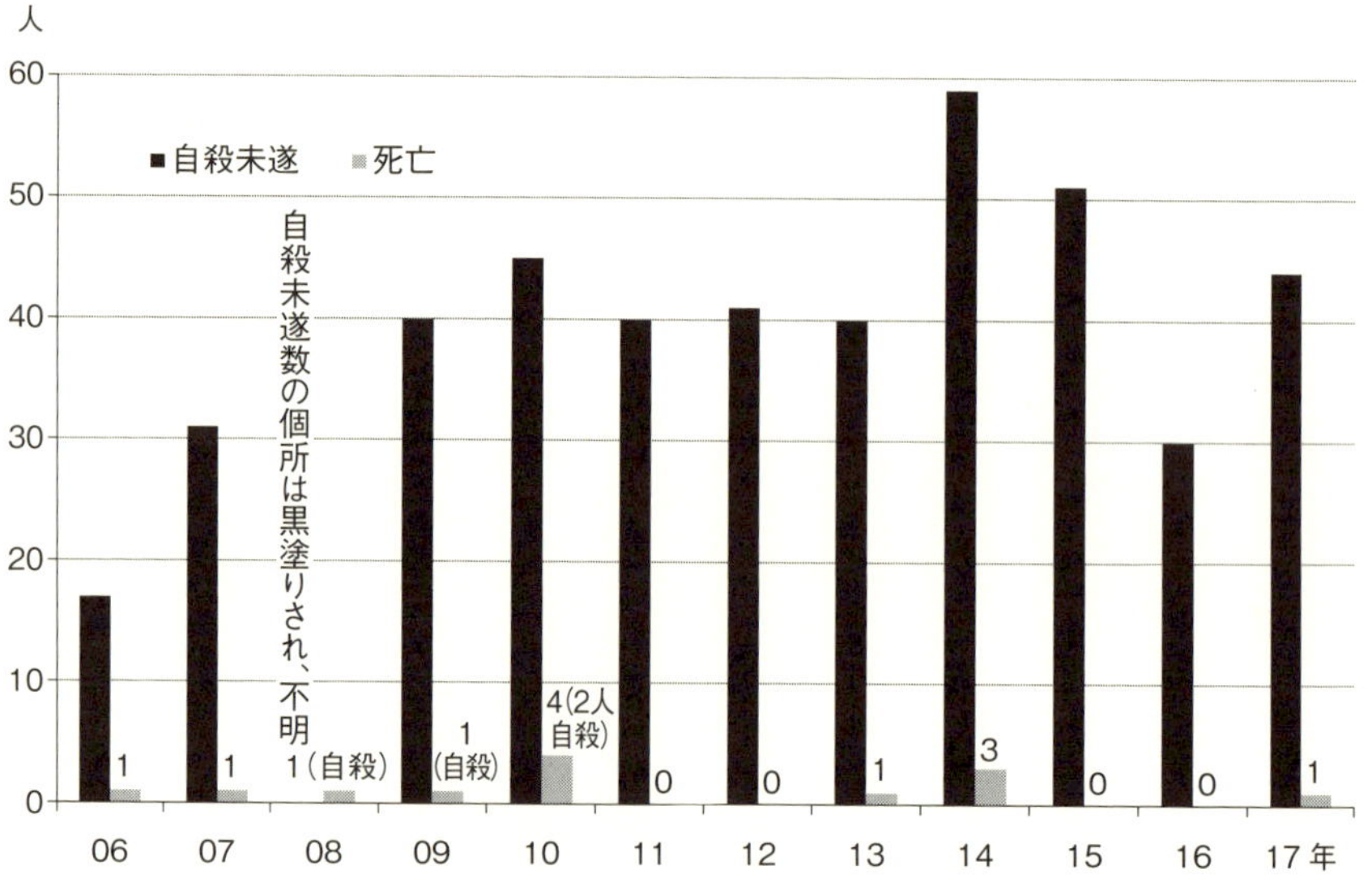

移住者と連帯する全国ネットワークによる省庁交渉からの法務省データをもとに作成

表1　収容に適さない被収容者数（その年のある日の時点）

単位：人

年	06	07	08	09	10	11	12	13	14	15	16	17	18
未成年者の被収容者	−	11	8	11	10	12	5	4	8	−	5	6	4
労災手続き中	21	7	8	[redacted]	[redacted]	2	0	2	0	0	1	0	1
妊娠中の被収容者	6	3	5	[redacted]	[redacted]	1	2	1	2	0	0	1	2

移住者と連帯する全国ネットワークによる省庁交渉からの法務省データをもとに作成
注：[redacted]は、法務省からのデータが黒塗りであった。

管の意図的な判断のもとでおこなわれているようだ。なお、図の被収容者数はその年のある一時点での、たとえば10月X日での数値である。

全国の収容所では、被収容者数が減少しているにもかかわらず、自殺未遂者はあとをたたず、年間30~59人とかなりの数にのぼる。これまでの収容所内における自殺は、２００８年１人（インド男性、西日本入管）、２００９年１人（中国男性、東京入管）、２０１０年２人（ブラジル男性および韓国男性、東日本入管）、２０１７年１人（インド男性、東日本入管）である（**図18**）。

収容に適さない未成年者・労災患者・妊婦などの収容は、あいかわらずつづいている（**表1**）。

7　日本から強制送還された人びと

国費送還数は、毎年２００人前後と一定していたが、２０１６年以降は３００人をこえるようになった。強制送還はその一部にくみこまれている。その強制送還は、２０１０年32人、２０１１年０人、12年０人となっている（**図19**）。このあいだに実施されなかったのは、２０

10年に成田空港の飛行機内で、入管職員の制圧によってガーナ人が死亡した事件がおき、一時的に個別強制送還をひかえたためである。

ところが2013年になると、強制送還が再開された。チャーター便でフィリピンへ75人、タイへ46人の計121人が集団強制送還されたのである。2014年にもスリランカへ26人、ベトナムへ6人の計32人が集団強制送還され、このときのスリランカ人被送還者のうち、わたし(山村)が現地で確認しただけでも、8人が難民申請しており、そのうち2人が送還後スリランカの刑務所にいれられた。

チャーター機の送還予定人数は、当初200人であった。ところが、実際にはそれを大幅に下まわった。飛行機をチャーターするだけで、1回につき約1600~4000万円の費用である。単純計算すれば、ひとりあたりの費用は高額となる(**図20**)。なお、動員される職員や同行する職員の経費などはべつとなるため、実際の経費はそれをはるかにうわまわる。

個別強制送還は、だれにもしらされず、ひそかにおこなわれる。その対象者にフィリピンと中国出身者がえらばれている(**表2**)。

被送還者の飛行機代以外に、同行職員の飛行機代や現地の宿泊費などの費用もかかる。中国やフィリピンなどの近場であれば、費用はすくなくてすむ。ところが、南米やアフリカなどへの送還となると、いったいどれだけの高額となるのだろうか。

図19　被送還者数

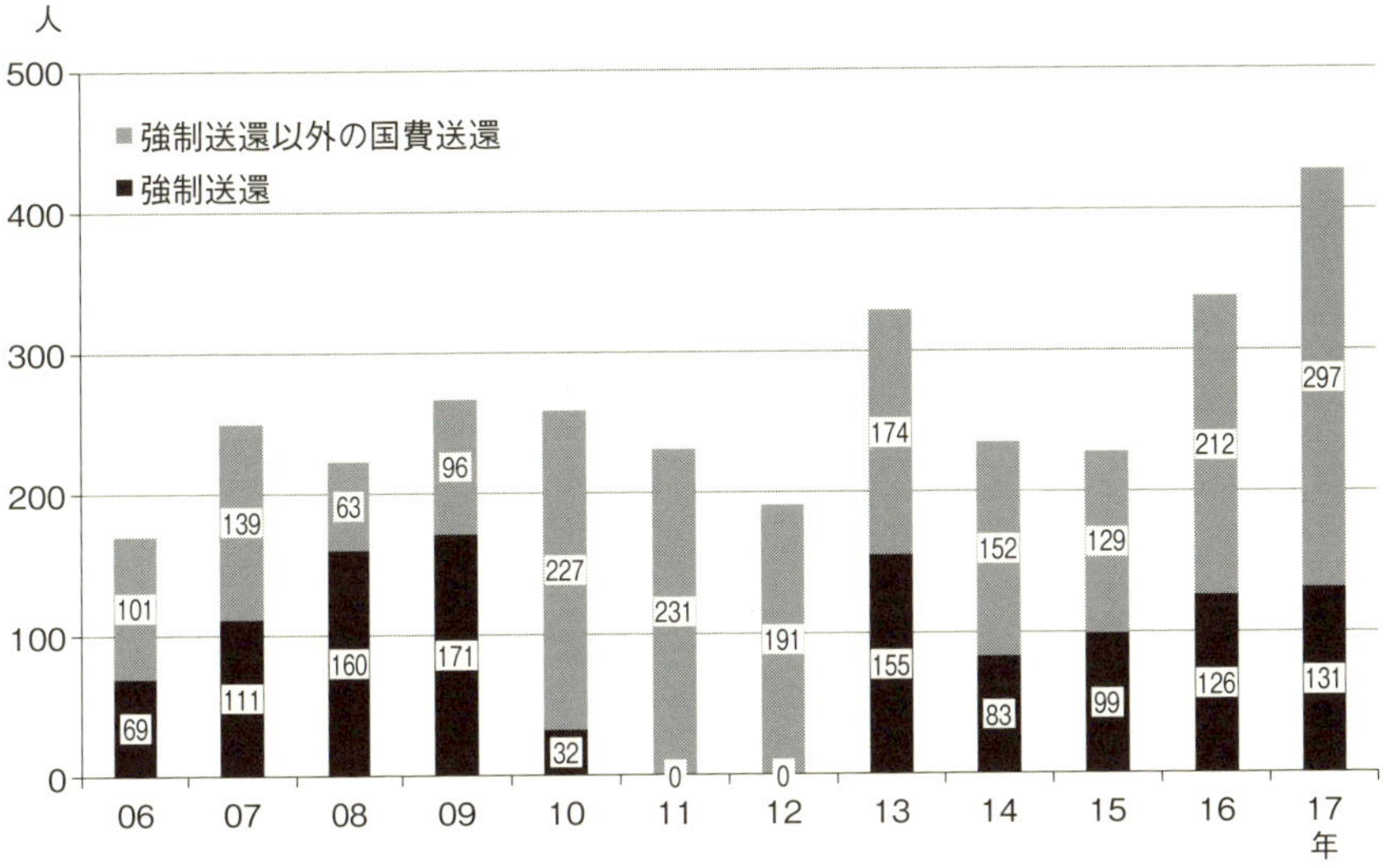

移住者と連帯する全国ネットワークによる省庁交渉からの法務省データをもとに作成

図20　チャーター機による被送還者数および一人あたりの費用

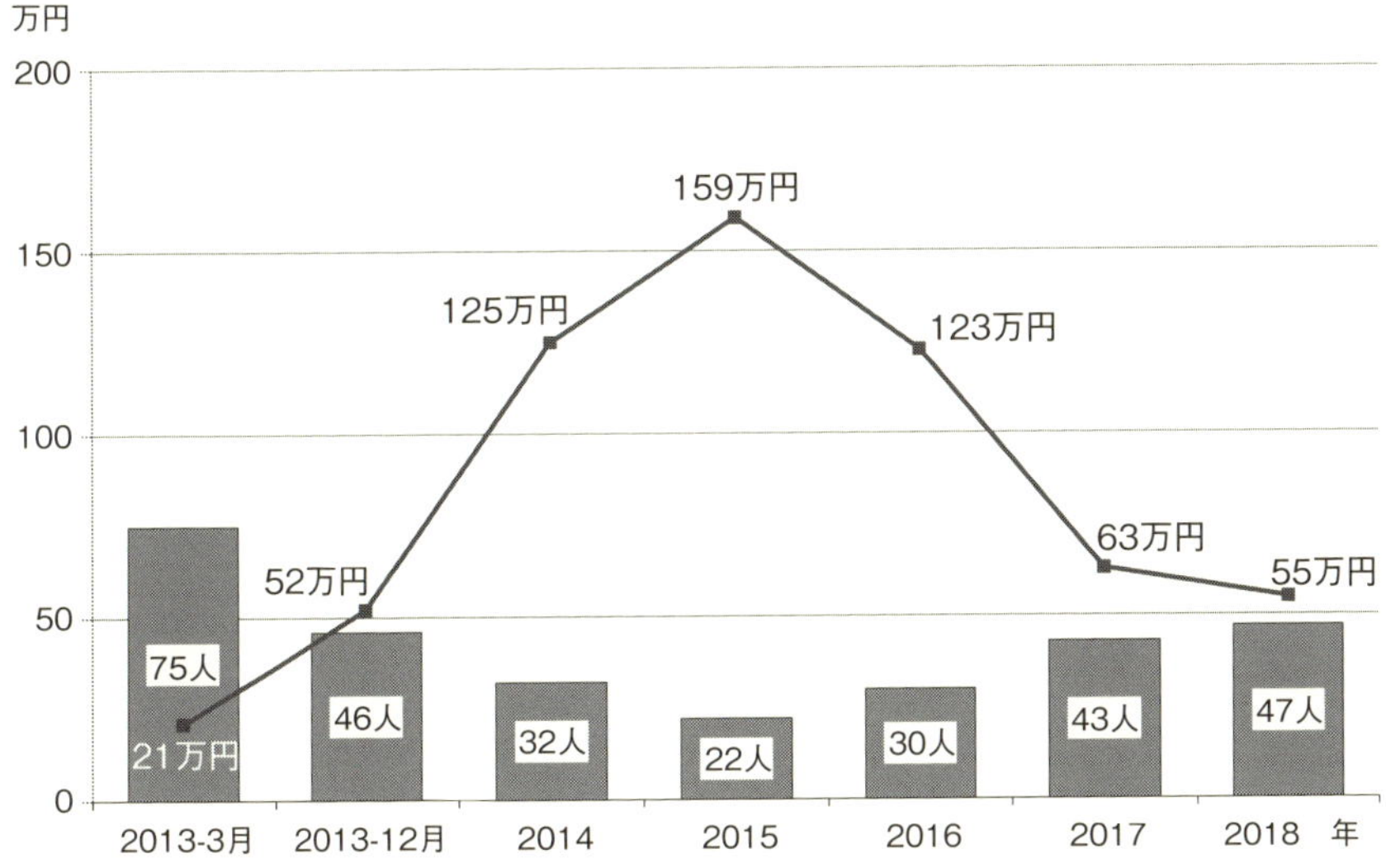

移住者と連帯する全国ネットワークによる省庁交渉からの法務省データをもとに作成

表2　強制送還　出身国別

単位：人

年	06	07	08	09	10	11	12	13	14	15	16	17
フィリピン	7	19	44	46	9	0	0	87	16	25	16	30
タイ						0	0	57	16			18
中国	12	19	22	28	4	0	0	6	6	15	17	20
イラン	11					0	0					
パキスタン		10	14	10		0	0					
ペルー					4	0	0					
スリランカ						0	0		26		31	
バングラデシュ						0	0			20		
総数	69	111	160	171	32	0	0	155	83	99	126	131

移住者と連帯する全国ネットワークによる省庁交渉からの法務省データをもとに作成

図21　日本の無国籍者

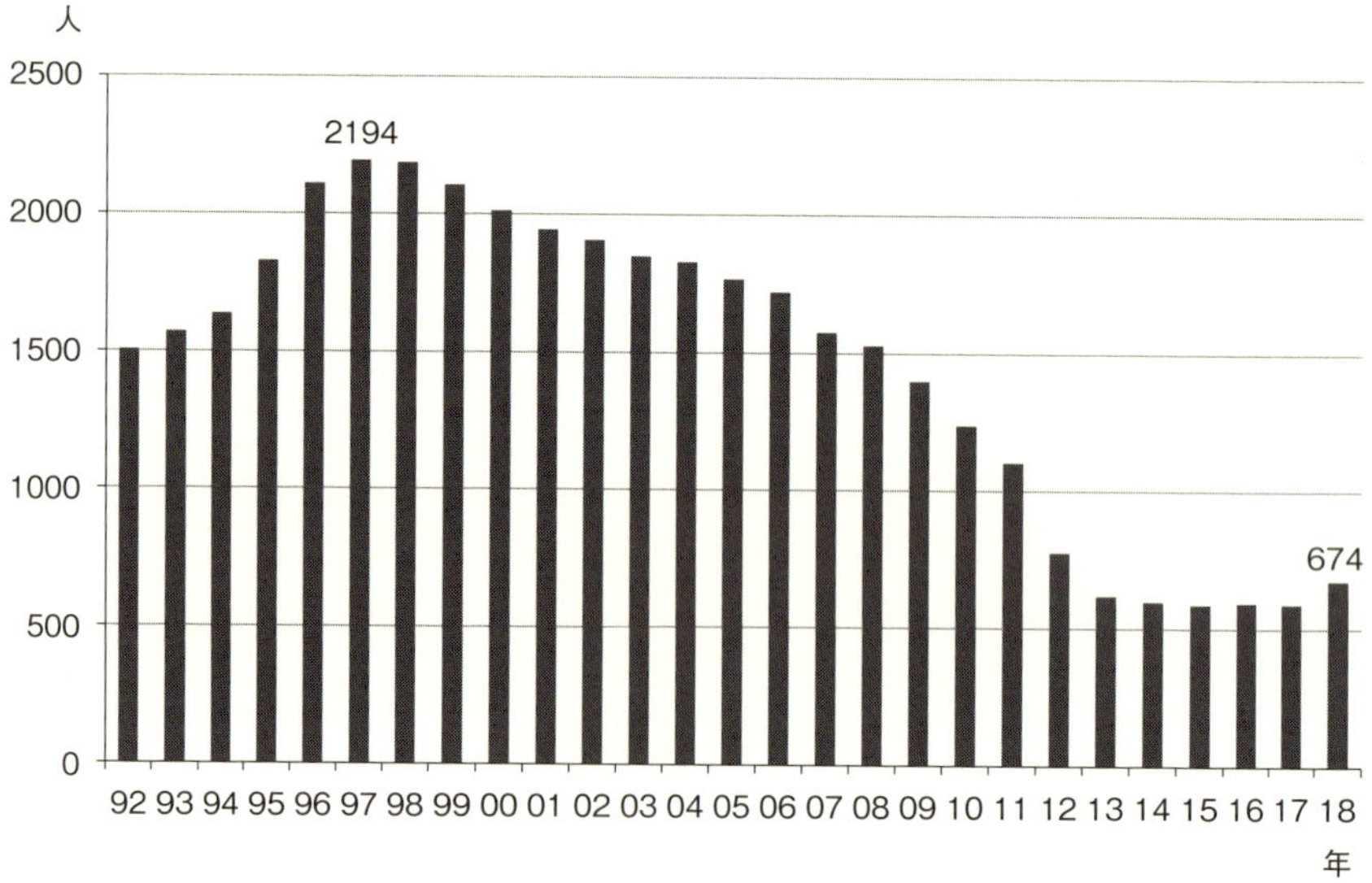

法務省入管統計より作成

8　日本の無国籍者

無国籍者は１９９０年代にふえつづけ、１９９７年には２１９４人であった。その後減少し、２０１８年には６７４人で、ピーク時の３分の１以下となっている（図21）。

じつは、法務省入管によるこの数字にはカラクリがある。

難民や難民申請者そしてその家族のなかに、本国の国籍があたえられていない人がたくさんいる。彼/彼女らは、事実上の無国籍である。それにもかかわらず、入管統計や在留カード欄には、彼/彼女らの出身国が記載され、あたかもその国民であるかのようにあつかわれている。書類上の操作によって、無国籍者数がすくなくさせられているのである。コラム「在留カードにおける国籍欄のインチキ性」を参照していただきたい。

おわりに

無国籍、移民、難民、そして、われわれ一人ひとりが社会の主役

無国籍ネットワーク設立10周年記念

無国籍ネットワークが発足してから今年でちょうど10年になる。無国籍ネットワークとあゆんだ10年という年月をふりかえると、ワクワクしうれしいこともあったが、正直、つらく苦しいこともすくなくなかった。こうして10年という区切りのときをむかえるのは、なかなか感慨深いものである。

わたしはかつて30年ほど無国籍だった。両親は中国での内戦により台湾へのがれ、いわゆる難民の経験をしている。その後、親が台湾から日本に移住し、わたしは移民二世としてそだった。本書で触れられている、無国籍、難民、移民の一つひとつの語りはわたしにとっては他人事ではなく、共感するおもいが多々ある。

10代のころ、自分が無国籍であることを正直あまり理解していなかった。あえて他人にはなすこともなかったし、うまく説明できずにいた。自分が当時もっていた身分証明書に「国籍：無国籍」と記載されていることで、嫌なおもいをしたことがあるのは第3章でふれたとおりである。まわりの人にいっても、誰もがみな、ちんぷんかんぷんで「無国籍って、どういうこと？」と不思議がられることがおおかった。一般の人は、国籍についてでさえ、普段あまりかんがえることがなく、ましてや無国籍の人がいるなんて想像もしたことがないからだ。

無国籍がゆえに、自分でかかえている悶々としたおもいを誰に相談すればよいのかわからず、問題が

おきてもどこに救いの手をもとめたらよいのかわからなかった。たかい壁にかこまれ、出口がみつからない迷路でただただ走りまわるようなおもいをしたのを、いまでもまだおぼえている。あのころ、自分の気持ちを共感してくれる人、話をきいてくれる人、相談できる窓口がほしかった。

自分が移民や国籍の研究をすることになり、『無国籍』(新潮社、2005年)を出版したのち、「自分も無国籍なんだけど……」や「知り合いに無国籍がいるのですが……」など個人的に相談をよせられることがふえた。無国籍のことをもっとしりたい、もっとしってほしい、そして相談したいとおもっている人はすくなくないことを実感し、2008年11月に「無国籍者からみた世界――現代社会における国籍の再検討」を開催し、そこにあつまった当事者や支援者など有志により、2009年1月無国籍ネットワークが発足した。その後、国内のみならず、海外とのコラボレーションで無国籍のケースを解決したこともあれば、国際シンポジウムの開催やドキュメンタリー番組の制作にもかかわった。また、無国籍者のケースを一つひとつ解決するにあたり、弁護士や行政書士、医師、そして心あるおおくの人たちのねばり強いサポートにささえられた。

あれから10年、無国籍ネットワークは、無国籍の人々の実態を社会につたえ、そして、無国籍の人々が自分の胸のうちをかたり、かかえている問題をいっしょに解決できるよう、当事者に寄りそった活動をつづけている。

この度、山村淳平先生のお力をかり、実質2~3年がかりで企画・運営してきた連続セミナー「日本にくらすアジアの少数民族――マイノリティをとおして国籍をかんがえる」も、まさに無国籍ネットワークの活動理念に合致した企画であり、活動の結晶のひとつである。無国籍ネットワーク設立10周年という区切りの年に、こうして無国籍ネットワークの活動を一冊の本にまとめて皆さんにつたえることができるのをとてもうれしくおもう。

これも、連続セミナーを企画してくださった山村淳平先生はじめ、自分のライフヒストリーを共有してくださった無国籍の友人たちのお蔭である。また、無国籍ネットワークの運営委員の献身的な努力がなければ実現しなかったであろう。会員や参加者のみなさんの励ましの言葉やあたたかいサポートにもふかく感謝したい。

そして、本書ができあがるまで協力していただいた松本浩美さんと木下郁さんにも、この場をかりてお礼申し上げる。本書の出版をこころよくひきうけてくれた現代人文社の成澤壽信さんにも、感謝している。

なまの声へのこだわり

本書におさめた連続トークセミナーで、当事者のライフヒストリーやなまの声にこだわった理由は、「無国籍の人が身近にいる」こと、「無国籍が他人事ではない」ということをしってもらいたいためである。無国籍は、けっして見しらぬ地のはなしではない。複数国籍や無国籍など、国籍に関連した問題は人の移動が頻繁化しているこのグローバル社会において、いつでも自分や自分のまわりにおこりうる。無国籍者のおおくは、移住、移動と関連しており、近代にはいって形成された国民国家制度とふかくかかわっている。無国籍は、国家システムの形成によってつくられた国籍という制度の裏返しとして発生している現象なのだ。

国家システムに安住しているわたしたちは、しばしば、無国籍者を見おとしがちである。だからこそ、あえて無国籍者のなまの声をとどけることで気づいてほしいとおもった。また、社会のマイノリティである無国籍者にも自分のおもいをかたる場をもち、自信につなげてほしかった。そしてその声をとおして、再度、個人と国家の関係、そして国籍を再考することができればとおもったのである。

ひとつの国では片付かない生い立ちこそグローバル時代のダイヤモンド

日本でうまれそだった移民二世の無国籍であるわたしは、「日本にいたら、いつまでもマイノリティあつかいされる。それなら、日本をはなれ、あたらしい人生をきりひらこう」とおもい、大学院時代は多民族社会であるアメリカにわたった。そのころ、「Where are you from ?」ときかれることがふえた。その返答として、自分の民族的な出自をこたえたらいいのか、それとも、自分がすんでいた国である日本とこたえたらいいのか、もしくは国籍をこたえたらいいのかわからなかった。なかなかすっきりとしたこたえを提示することができず、どうすればありのままの自分を理解してもらえるのか、そして自分のアイデンティティについてなやんだ。

この本におさめられている一つひとつの語りからも、ひとつの国ではかたることができない人、ひとつの国の枠にはおさまらない人がふえていること、そして彼／彼女らの複雑なおもいがえがかれている。自分を国の枠組でかたるよりも、むしろ自分の個性を尊重してもらいたいとおもっている人はおおい。複数の故郷をもち、どちらにも愛着をもって生きている人はおおい。そして、そうした人は、今後、どんどんふえつづけるだろう。

実際、そうした複数の土地に愛着をもっている人々、なかでも特に、無国籍者や移民二世は、グローバル社会におけるダイヤモンドの原石である。国家、そして社会はそれにはやく気づくべきだ。近年、移民にたいしてヘイトスピーチやヘイトクライムなどのうごきがあるが、むしろ、マイノリティをいかに社会の力にするのか、移民がもつバイタリティをいかに社会が有効活用し、ウィンウィンの構造にもっていけるかがためされる。

いま、世界で絶大なブームをまきおこしている映画『ボヘミアン・ラプソディ』（ブライアン・シンガー監督、アメリカ、2018年）にも、移民二世がかかえる葛藤、そしてマイノリティだからこそうみだすことができた発想とバイタリティがえがかれている。おたがいの違いをみとめ、おたがいを尊重すること、そしてなによりも、自尊心を大切にするべきである。国家や社会は、個々の個性をつぶし、画一化するのではなく、個性をのばし、それを社会の原動力とできるようなあたらしいシステムをあみだすべき時にきている。

日本は、じつは多民族・多文化社会であることをみとめるべきだ。そして、複数国籍や無国籍をしっかりみとめるような国籍制度、そして日本語だけでなく、親の母語をも身につけられるような教育制度、また移民の人権を尊重する移民法や入管法など、改善すべき点はおおい。グローバル社会におけるダイヤモンドの原石を日本の輝きにかえられるような仕組みをしっかりとあみだすべきだ。それは、個々の尊厳をみとめ、個々の個性をみとめることからはじまる。

これまで無国籍ネットワークでつむいできたこと、そこでかたってくれた移民二世の声から沢山のヒントがあると自負している。これからも、その種をまきつづけられたらとおもう。また無国籍ネットワークでは、学生たちが主催する無国籍ネットワークユースが発足し、写真展や映画祭など無国籍にかんする広報活動や、無国籍児の教育支援などの草の根活動をしている。こうしたユースたちをそだてることは社会においておおきな力になっていく、としんじている。
この10年の活動、そして、本書の編さんをとおし、わかったことがひとつある。無国籍、移民、難民、そして、われわれ一人ひとりが社会の主役であるということだ。マイノリティであっても、いや、むしろマイノリティであるからこそ主役なのだ。わたし達、みんながチャンピオンであり、ダイヤモンドである。それをしんじて、一歩一歩あゆみつづけていくことが大切なのである。

2019年7月
陳天璽

◎著者プロフィール

山村淳平（やまむら・じゅんぺい）

1990年代にアジアやアフリカで被災民や難民への医療支援をおこなう。2000年代から現在まで横浜市の診療所で内科医としてつとめている。そのかたわら、日本の移民・難民の医療にたずさわっている。

編著書に『壁の涙』（現代企画室、2007年）、『難民への旅』（現代企画室、2010年）、『移民・難民の病をふせぐ』（FWUBC、2012年）、『難民からまなぶ世界と日本』（解放出版社、2015年）、『移民・難民の病をふせぐ～女性編』（FWUBC、2018年）。

『だまされるな！ 技能実習生（ベトナム編）』（2017年）、『技能実習生はもうコリゴリ～ベトナム人の声』（2018年）などの動画を外国人労働者弁護団のウェブサイトで公開中。

陳天璽（CHEN Tien -Shi/ちん・てんじ）

早稲田大学国際教養学部教授。無国籍ネットワーク*代表。

1971年、横浜中華街に生まれる。国際関係に翻弄され、生後間もなく無国籍となる。その経験から日々のなかで、国籍、国境、国家、アイデンティティとむきあう。

筑波大学大学院国際政治経済学博士。ハーバード大学フェアバンクセンター研究員、日本学術振興会（東京大学）研究員、国立民族学博物館准教授を経て現職。

著書に『華人ディアスポラ――華商のネットワークとアイデンティティ』（明石書店、2001）、『無国籍』（新潮社、2005年）、編著に『忘れられた人々――日本の「無国籍」者』（明石書店、2010年）、『越境とアイデンティフィケーション――国籍・パスポート・IDカード』（新曜社、2012年）、『パスポート学』（北海道大学出版会、2016年）など。

＊無国籍ネットワーク（https://stateless-network.com/）

2009年に発足したNPO法人。無国籍者の法律・生活・教育相談のほか、写真展や映画祭、そしてトークイベントなどの啓発活動もおこなっている。

移民がやってきた

アジアの少数民族、日本での物語

2019年8月20日　第1版第1刷発行

著　者…………山村淳平・陳天璽
協　力…………無国籍ネットワーク
発行人…………成澤壽信
発行所…………株式会社現代人文社
〒160-0004　東京都新宿区四谷2-10八ッ橋ビル7階
振替　00130-3-52366
電話　03-5379-0307（代表）
FAX　03-5379-5388
E-Mail　henshu@genjin.jp（代表）／hanbai@genjin.jp（販売）
Web　http://www.genjin.jp
発売所…………株式会社大学図書
印刷所…………株式会社ミツワ
装　幀…………Malpu Design（陳湘婷）
本文デザイン……Malpu Design（高橋奈々）

検印省略　PRINTED IN JAPAN　ISBN978-4-87798-732-9　C0036